MW00768752

Christel Petitcollin

Comunicarse bien con los hijos

Grupo Editorial Lumen
Buenos Aires - México

Serie Prácticos - Psicología

Título original: *Bien communiquer avec son enfant*

Corrección: Pablo Valle
Diseño de cubierta: Gustavo Macri

Petitcollin, Christel
Comunicarse bien con los hijos – 1.ª ed. - Buenos Aires : Lumen, 2005.
112 p. ; 21x14 cm. (Prácticos. Psicología)

Traducido por: Silvia Tombesi

ISBN 987-00-0564-0

1. Relaciones Interpersonales. I. Tombesi, Silvia, trad. II. Título
CDD 158.2

2.ª reimpresión

Grupo Editorial Lumen
Viamonte 1674, (C1055ABF) Buenos Aires, República Argentina
Tel.: 4373-1414 (líneas rotativas) • Fax (54-11) 4375-0453
E-mail: editorial@lumen.com.ar
http://www.lumen.com.ar

Hecho el depósito que previene la ley 11.723

LIBRO DE EDICIÓN ARGENTINA
PRINTED IN ARGENTINA

Se terminó de imprimir en el mes de mayo de 2008 en el Establecimiento Gráfico LIBRIS S. R. L.
MENDOZA 1523 • (B1824FJI) LANÚS OESTE • BUENOS AIRES • REPÚBLICA ARGENTINA

Índice

Introducción

La comunicación es una palabra muy de moda desde hace muchos años, quizá porque se está descubriendo hasta qué punto es una necesidad humana. Es indispensable en todos los aspectos de la vida: el profesional, el público, el privado. Cada vez que una relación se deteriora, se puede rastrear una falta de comunicación que permitió que en una y otra parte se instalaran malentendidos y rencores. La mayoría de los divorcios se originan en la falta de comunicación de la pareja.

Y de manera más general, en los últimos cien años, los sociólogos han observado una multiplicación de los divorcios y de las desavenencias familiares. Los círculos familiares se estrechan. Según las estadísticas, en la etapa adulta casi no se frecuenta a los tíos y los primos, y cada vez menos a los hermanos. Muchos abuelos, disgustados con sus propios hijos, no ven más a sus nietos. La familia se repliega hacia su aspecto más nuclear: los padres y los hijos. Y el hijo se ha convertido en el polo del interés familiar, en el portador de las necesidades afectivas de sus padres y de sus expectativas de éxito. Además de que estas expectativas parentales son demasiado pesadas para unas espaldas tan pequeñas, le confieren al hijo un poder muy grande que perjudica el clima relacional con sus padres.

Quizás por eso desde hace poco se ha visto aparecer la época de los procesos judiciales que los hijos les inician a sus padres. El motivo de esos procesos es, esencialmente, la obtención de pensiones alimenticias; pero, detrás de estas gestiones, hay sin duda una demanda simbólica de reparación de las torpezas parentales, reales o supuestas.

En nuestro tercer milenio, la evolución de las familias se orienta resueltamente hacia una exigencia de respeto y de calidad de la comunicación. Las personas se perdonan cada vez menos las meteduras de pata y las torpezas afectivas. Cualquiera sea el vínculo relacional inicial, las relaciones deben ser buenas o no existirán. Entonces, es muy importante estar atentos a la propia comunicación y buscar cómo mejorarla.

Ahora bien, para muchas personas, comunicarse significa únicamente hablar y hacerse entender por el otro. Creer que la comunicación se reduce a esto es un gran error, pues una buena comunicación exige exactamente lo contrario. Comunicarse es escuchar, entrar en la burbuja del otro, tratar de comprenderlo, interesarse sinceramente por él, por su vida, por sus pasiones, por sus emociones. Comunicarse no es "hablar" o "hacerse entender"; es transmitir no verbalmente, a través de una actitud de acogida y de aceptación del interlocutor, que éste es alguien importante para nosotros. Por otra parte, lo esencial de la comunicación no se halla en el nivel verbal. ¿De qué sirven las palabras de amistad si no están acompañadas por actos concretos? Es nuestra actitud general en la relación lo que comunica lo más importante que tenemos para decirle al otro.

La comunicación entre un padre o una madre y su hijo(a) es una de las más ricas y más complejas que existen, porque es una comunicación que se da en múltiples niveles. Los hijos tienen el temible poder de comunicarse desde el niño que son con el adulto que nosotros somos, y así se comunican, paralelamente, de manera silenciosa e inconsciente, desde niño que son con el niño que nosotros fuimos a esa edad. Esto genera a veces en nosotros, los adultos, fuertes reacciones emocionales.

Además, los hijos tienen una inteligencia muy aguda y una intuición fulgurante. Ellos detectan, inmediatamente, nuestras incoherencias, las cosas "no dichas", nuestras dudas, y a menudo las verbalizan sin rodeos, ¡lo cual nos avergüenza con mucha frecuencia! ¿Acaso no se dice que "los niños siempre dicen la verdad"? Pero también son capaces de la mayor de las ingenuidades, y pueden dar un sentido literal a nuestras palabras llenas de imágenes. Incluso el lenguaje verbal más común puede ser una fuente de confusión para un niño. Por ejemplo, si oye decir "Ella perdió a su marido el año pasado", el niño puede sacar como conclusión, en primera instancia, que es completamente posible "perder" definitivamente a alguien como se pierden las llaves o un juguete. Y esta horrorosa perspectiva podrá reforzarse por una confirmación involuntaria de su madre: "Dame la mano, no tengo ganas de perderte en la locura de este supermercado."

Hay también un lenguaje no verbal (nuestras actitudes, las expresiones de nuestro rostro, la entonación de nuestra voz y, sobre todo, nuestros actos) que los niños decodifican con mucha facilidad y que no siempre está de acuerdo con nuestros bellos discursos. Un niño tiene necesidad de honestidad y de coherencia para construir su lógica del mundo (de allí también su aptitud futura para la matemática). Sería mejor decir claramente: "No, no te compraré ese juego de vídeo. Este mes tengo el dinero justo para pagar la renta y hacer las compras". O bien decir "Me parece que ese juego de vídeo es demasiado caro para comprarlo, salvo para un cumpleaños o en Navidad", en lugar de "No tengo un céntimo", y probar lo contrario al pasar por la caja y entregar la tarjeta de crédito a la cajera.

¿Cómo manejar todas estas ambigüedades? Seguramente usted ya habrá comprendido que es imposible dominar todos los parámetros de la comunicación con un niño, pues son muy numerosos y sutiles; pero es importante reflexionar acerca de lo que uno transmite tanto por medio de las palabras como con los hechos. La comunicación integral, la que vehiculizan los actos cotidianos, debe contener mensajes pertinentes, coherentes y marcados con el sello del sentido común, pues el niño construye la base de la confianza en sí mismo y en el porvenir sobre los dichos y los actos de su entorno educativo.

La mayoría de los padres ama a sus hijos. Cada uno, a su modo, trata de ser un "buen padre" o una "buena madre", y se consagra a esa tarea de todo corazón, con la esperanza de que su hijo se desarrolle con plenitud. Pero, a pesar de esta evidente buena voluntad, la realidad tarde o temprano desmiente el sueño de perfección y hace fracasar las teorías educativas iniciales. Las cosas se complican progresivamente, y provocan desaliento y culpabilidad en los padres, que navegan diez veces por días entre la buena voluntad y la impotencia.

Lo que les falta, entonces, a los padres, es el "cómo se hace" para manejar cotidianamente las múltiples situaciones a las que se enfrentan y las respuestas a las innumerables preguntas que se plantean.

Las reglas de una buena comunicación con los hijos incluyen elementos claves:

- protección, pero no demasiada;
- escucha, hasta cierto punto;
- permisos encuadrados en límites muy firmes;
- estímulos matizados por críticas constructivas.

Esto implica, entonces:

- renunciar a ser un padre o una madre perfectos y dejar de culparse inútilmente;
- considerar que su hijo es un niño y saber ponerle límites.
- saber también escucharlo y hacer que fructifique su potencial de confianza en él.

Este libro le propone pistas concretas para lograr ese equilibrio sutil entre amor y firmeza, encontrar en usted respuestas claras a sus interrogantes, y también permitirle permanecer conectado a una visión de largo alcance de su misión de padre o de madre, pues lo que importa, más allá de su actual bienestar, es el futuro de sus hijos.

Capítulo 1

Los obstáculos para una buena comunicación entre padres e hijos

Lo primero que se debe hacer para mejorar la comunicación con los hijos es librarse de estos tres obstáculos principales que impiden lograr un clima relacional sereno y objetivo:

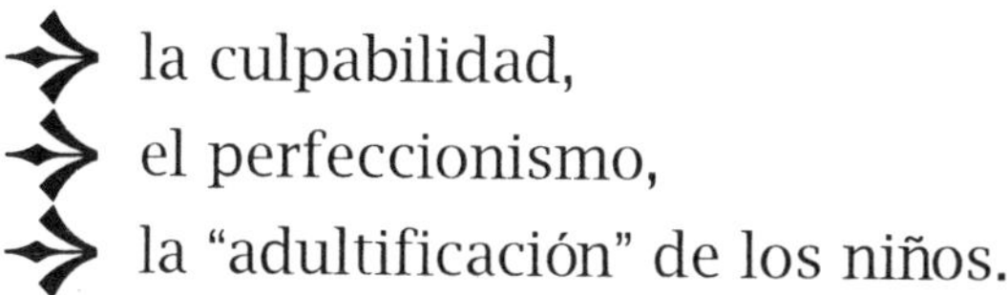

- la culpabilidad,
- el perfeccionismo,
- la "adultificación" de los niños.

La culpabilidad de los padres

Me he dado cuenta, a lo largo de la práctica, de que los padres y las madres (principalmente las madres) viven su papel parental embargados por una increíble culpabilidad. Esta culpabilidad no sólo es incómoda para ellos mismos, sino también —y sobre todo— perjudicial para una buena relación con sus hijos, pues la culpabilidad de los padres y las madres es verdaderamente un veneno en las cuestiones educativas. La culpabilidad desvirtúa todas las referencias y les hace perder la objetividad más elemental. Los límites se vuelven inestables y aleatorios porque están directamente vinculados con el grado de culpabilidad del momento. La educación se hace deshilvanada e ilógica. Además de que esto es muy malo para el futuro aprendizaje de la matemática, el niño no tiene una indicación confiable.

Por ejemplo, un niño tiene necesidad de dormir. Entonces debe acostarse temprano. Es algo evidente. Pero, si la mamá se culpa de haberlo "abandonado" durante todo el día porque ella es una "horrible madre egoísta" que trabaja, bastará que su hijo le diga "Un poco más de mimos, mamá, hoy casi no te vi", para que ella no pueda mandarlo a la cama con firmeza. Sin embargo, todos los estudios lo confirman: en nuestros días, la mayoría de los niños carece más de sueño que de afecto.

Otro ejemplo: un papá divorciado. Si se deja llevar por lo que piensa, este papá considera que un niño debe comportarse bien cuando está en la mesa. Ahora bien, su niño está comiendo como un puerquito; pero el papá piensa: "Yo no lo veo sino los fines de semana, no voy a pasar el tiempo reprendiéndolo." Entonces no le dirá nada, y el niño no aprenderá buenos modales.

La culpabilidad puede también confinar la relación a una alternancia de maltrato y sobreprotección. Para redimirse de ser un "mal padre" o una "mala madre", los padres que se culpan hacen mucho, demasiado. Exageran la maternalización y las ansias de proteger a su querido hijito del menor inconveniente o disgusto. Se transforman en esclavos sujetos a su merced, con una disponibilidad y una paciencia ejemplares, al menos en su opinión. El niño-rey de su padre o su madre esclavos se va a convertir en un tirano doméstico. Pero, una vez que el niño se transforma en un diablillo sin indicaciones ni límites, los padres terminan siendo sobrepasados por esta situación. Entonces gritan, refunfuñan, regañan e, incluso, golpean, lo cual se convierte en un nuevo motivo para culpabilizarse.

Para redimirse nuevamente por haber sido un "mal padre" o una "mala madre", éstos tratan de contenerse, dejan que los niños sobrepasen límites que, de todos modos, están mal definidos, estallan de nuevo, gritan, refunfuñan, etc. Cuanto más tratan los padres de librarse de su culpabilidad, más la alimentan.

* * *

Cuando doy una conferencia sobre el tema de esta culpabilidad y de los perjuicios educativos que provoca, veo a menudo, entre el público, a padres que se muerden los labios con cara de culpa. ¡Y sí! La culpabilidad de los padres está tan afianzada, ¡que pueden llegar hasta a culparse de culparse cuando se les hace tomar conciencia de ello! Esto no tiene fin. Por eso es urgente y necesario que se liberen definitivamente de ese sentimiento poderoso que les obstaculiza el ejercicio de su función parental. Responsables, absolutamente sí. Culpables, seguramente no.

La culpabilidad por la discapacidad

Hay también una culpabilidad particular debido a la discapacidad. Aparece cuando un niño nace prematuramente o bien cuando tiene un impedimento físico o mental, o una enfermedad hereditaria. Esta culpabilidad es espantosa, especialmente en las madres, que se reprochan inconscientemente no haber "terminado" bien a su pequeño o no haberlo protegido de los genes portadores de la enfermedad.

En caso de nacimientos prematuros o de impedimentos físicos o mentales, la sobreprotección está exacerbada, y también puede estarlo el maltrato. Las estadísticas señalan más casos de maltrato entre los niños que fueron prematuros. Si usted se enfrenta a este tipo de culpabilidad, busque ayuda. Se necesita una buena contención psicológica hasta que pueda darse cuenta plenamente de que usted también es una víctima de esta situación, y no el o la "culpable".

El mito de los padres perfectos

Por el amor a su hijo, cada padre o madre desearía ofrecerle lo mejor en cuanto a educación, afecto, disponibilidad, paciencia, y de ese modo darle todo lo que ellos mismos no tuvieron durante su infancia. Así, cada uno quisiera ser un buen padre o madre y, si fuera posible, un padre o una madre perfectos.

Se supone que el concepto pedagógico global que se desprende es que se haga una síntesis coherente de todos estos datos, aunque a menudo sean contradictorios e incompatibles. Por eso, con frecuencia, en el aspecto educativo la práctica contradice a la teoría.

¿Por qué se apunta a la perfección?

Como ha podido comprobar usted mismo, sus hijos le han sido entregados sin instrucciones para su uso. El oficio de padres es el único para el cual no existe ninguna formación teórica posible, porque ninguna receta es infalible y porque lo que funciona muy bien para un niño demostrará ser totalmente ineficaz para otro.

Los padres están forzados a aprender su oficio en el taller, a estar permanentemente en una dinámica de ensayos, de errores y de reajustes, para adaptarse a sus hijos.

Sólo una vez que la tarea esté terminada, es decir, cuando los hijos se hayan convertido en adultos —en lo posible, independientes y plenamente desarrollados—, los padres sabrán que han acabado bien su obra. Entonces, es imposible saber si uno es un "buen" padre o una "buena" madre antes de que la educación de los hijos llegue a su fin.

Sin embargo, esta dinámica de marchar a tientas no es reconocida como la única posible para una correcta educación. La sociedad espera que los padres, solos, sepan de inmediato y en todo momento encontrar instintivamente la buena actitud que va a permitir el desarrollo y la socialización de sus queridos niños. En resumen, la sociedad exige que los padres sean perfectos. Señores padres: cualquier cosa que hagan, la harán mal. Estarán demasiado presentes, o no lo suficiente; serán demasiado severos, o no lo bastante; resultarán sobreprotectores, o indignamente negligentes... En su entorno, siempre encontrarán a alguien —abuelos, docentes, médicos o parejas— que los critiquen y les hagan dudar de sus métodos educativos. "¡Eres demasiado duro con él!", dirá uno, mientras, simultáneamente, el otro expresará: "¡No deberías dejar que haga así eso!"

¿Por qué los padres siempre encuentran alguien que los critique, sea lo que fuere que hagan? Porque cada uno de nosotros tiene una idea muy personal de lo que debe ser "un buen modo de educar", y *mi* teoría, por supuesto, es la mejor de todas.

Además, desde hace dos mil años, a las madres occidentales se les ha presentado como modelo ideal, símbolo de pureza y abnegación, a María, la madre de Jesucristo. Por eso, en el inconsciente colectivo, existe por un lado la "buena" madre, y por el otro, la "mala".

Después llegaron los comienzos del psicoanálisis. Hemos aprendido que cada error educativo podía tener consecuencias traumáticas en nuestros hijos. Haber descubierto la importancia de la educación en el devenir del niño es un gran avance para el desarrollo de la humanidad. Pero la sociedad ha utilizado este descubrimiento para acusar a las madres una vez más. Ellas y sólo ellas serán responsables de todos los males de sus hijos. Es bastante cómodo pues, paralelamente, no se hace mucho por secundar a las madres en su tarea: hay muy pocas guarderías para niños, las licencias por maternidad son muy breves, los horarios escolares no se adaptan a los laborales, los horarios profesionales no tienen en cuenta las exigencias de la vida de los padres y, más allá de todo esto, existe un profundo menosprecio por la madre en el hogar.

Y la mayoría de las personas cree en el mito de la buena y de la mala madre. La buena madre es la que adivina sin dificultades las necesidades de su hijo. Ella lo cuida tan naturalmente como respira, y esto, con seguridad, le proporciona placer. No tiene necesidad de esforzarse porque jamás está "hasta la coronilla" de esto. Ella está en perfecta simbiosis con su bebé; espontáneamente, sabe hacer todo lo indispensable: coser un botón, esterilizar un biberón, diagnosticar una otitis, hacer que su bebé no se impaciente en una sala de espera atestada de gente. Además de los cuidados corporales, la verdadera buena madre le da a su hijo un ambiente protector, cálido y lleno de amor. Serena y alegre desde que sale hasta que se pone el sol, fija límites precisos y protege eficazmente de los verdaderos peligros. Su devoción por los hijos y el placer de cuidar a los niñitos son inquebrantables.

Del otro lado, está la mala madre. La mala madre se olvida de los hijos, y su bienestar le resulta indiferente. Es una mujer tan egoísta, que no puede discernir lo que le conviene a su progenie. Insensible a sus necesidades, no comprende las emociones. A menudo, utiliza a sus hijos para su gratificación personal. Esta mujer les hace mal sin saberlo. Como es incapaz de aprender la lección de los sufrimientos que causa, no puede mejorar.

* * *

En verdad, es sorprendente tomar conciencia de que, cuando uno se interesa por la condición de las madres, ¡no se puede ser adulto y objetivo! Parece que la sociedad recuperara la mirada y la edad mental de un niño de pecho para juzgar a las madres. La devoción de Mamá es algo normal y debe ser total: las 24 horas del día, los 365 días del año, durante toda su vida, ¡cómo no!

Y todos los discursos educativos van en este sentido. El objetivo de una madre debe ser convertirse en "perfecta", en el sentido que acabo de describir. Los manuales pedagógicos tienen un tono perfeccionista para que ella aprenda cómo alcanzar esta perfección en su devoción. Ningún manual aconseja a las mamás pintarse la uñas cuando el pequeño duerme la siesta, o a la pareja de padres jóvenes salir a bailar el sábado por la noche para recuperar el placer de ocuparse del bebé durante la semana. Ningún manual les informa que todos los padres, en algún momento, están hartos, no pueden más, sienten deseos de volver a su vida de cuando no tenían hijos, sin que por ello sean unos monstruos. Ningún manual ofrece algunos trucos y astucias que permitan a los padres tener paz durante cinco minutos o incluso una tarde entera para respirar un poco. No; por el contrario, quieren hacerles aprender cómo hacer más todavía, siempre más, para sus niñitos.

Este perfeccionismo es muy ingenuo. La buena y la mala madre son sólo los dos aspectos de una misma función y, más aún, el punto de vista de un niño (el hada y la bruja). Si bien algunos padres son efectivamente padres indignos, la mayoría de los padres aman a sus hijos y quisieran hacer lo mejor por ellos. Pero, enfrentados a la realidad cotidiana, frecuentemente experimentan un sentimiento de fracaso. Y, cuando no tienen ni la paciencia, ni el deseo, ni la fuerza de permanecer a la altura del mito de los padres perfectos, a los padres se les despierta la culpabilidad.

Sin embargo, los hijos pequeños, en su dependencia absoluta, demandan una atención considerable, y es difícil sostener ese esfuerzo constante. Por momentos, todos los padres se sorprenden de no ser auténticos en su amor por sus hijos y de no responder a las necesidades de éstos. Es una realidad objetiva: incluso aunque se los quiera tiernamente, en ciertos momentos nuestros niños son difíciles de soportar. Como criar a un niño exige tanta energía y presencia de ánimo, lo padres tienen derecho a veces de experimentar cólera frente a las incesantes exigencias del niño, y también de sentir frustración ante las aburridas y repetitivas tareas que él les impone.

Los riesgos del perfeccionismo

El mito de los padres perfectos, siempre dispuestos, pacientes, competentes, puede generar dos posibles desequilibrios:

❖ Primer caso: Los padres presionan demasiado a su hijo

Cuando un padre o una madre quieren ser perfectos, su hijo se convierte en una cartilla de notas ambulante: la cartilla de notas de sus padres. En efecto, el talento de educador del padre o de la madre se manifiesta permanentemente en el comportamiento del hijo. Si los padres quieren probarle al mundo que son perfectos como ellos creen que deben ser, el hijo está obligado a convertirse en un hijo perfecto que responda a la educación perfecta que le dan sus padres perfectos. Ahora bien, si el hijo no es perfecto, eso significa que la educación no es perfecta, por lo cual los padres no son perfectos en absoluto. Es una carga muy pesada para un niño tener que ser perfecto con el fin de confirmar los talentos educativos de sus padres.

❖ Segundo caso: Los padres no presionan lo suficiente a sus hijos

Si el padre o la madre son tan perfectos como imagina el inconsciente colectivo, entonces lo saben todo, cumplen todas sus promesas, jamás mienten, y nunca se exasperan, ni se fatigan, ni se enferman. Siempre están dispuestos, con paciencia, a escuchar a su hijo. Jamás contrarían a su querido pequeño porque quieren que esté siempre contento, alegre y feliz. En resumen, el mundo en el cual se desenvuelve este niño debe ser también perfecto. Situado en este ambiente irrealmente positivo, el niño creerá que la vida debe, forzosamente, ser fácil, divertida y entretenida. Entonces, la verdadera vida no hará sino decepcionarlo cuando tenga que enfrentarse de veras a ella.

La falta de "no"

Es importante darse cuenta de que en el modelo del padre o de la madre perfectos se ha olvidado el lugar del "no". Es decir que los padres quisieran no tener que pronunciarlo jamás. Se quejan de que deben repetir incansablemente "Ve a ducharte", "Ve a hacer tus deberes", "Ordena tu habitación". En verdad, desean que sus hijos piensen en cumplir todas las tareas que les corresponden sin un encuadre externo. Sin embargo, no existe ningún fracaso parental por tener que verbalizar estas consignas y repetirlas todos los días. La disciplina precede a la autodisciplina. Se necesitarán años de encuadre intensivo para que se automaticen las actitudes disciplinadas.

La "adultificación" de los niños

En cuestiones de educación, las cosas han evolucionado mucho en los últimos treinta años. No se educa a los niños como se hacía en la época en que nosotros éramos pequeños. Esta evolución de la educación de los niños se debe, en principio, a la evolución consumista de la sociedad y a sus progresos tecnológicos. La consola de vídeo no existía cuando éramos pequeños. Para los que somos mayores, la televisión tenía de uno a tres canales, y la mayoría de los cines sólo poseía una sala. Todavía no estábamos dentro de una sociedad de consumo, de abundancia y de constante tentación. Los regalos se reservaban para la Navidad, los aniversarios o la solemne comunión. En la actualidad, todo es muy distinto.*

También tuvo lugar la revolución de mayo de 1968, que transformó completamente las ideas educativas con el célebre "Prohibido prohibir", y el mito del padre o la madre "amigo(a)" que quería hacer creer que estaba bien tratar a los hijos de igual a igual, y que tantos estragos causó en la educación. Por medio de las estrategias publicitarias, los niños aparecen como quienes verdaderamente deciden las compras de la familia. Lo cual lleva a plantear las si-

---

* Ver René Blind & Michael Pool, *Mon enfant et la consommation* (Mi hijo y el consumismo), Jouvence, 2001 (N. de A.).

guientes preguntas: ¿Qué lugar ocupan hoy los niños en hogar? ¿Quién tiene el poder en la casa? ¿Consideramos todavía a nuestros hijos como niños?

Françoise Dolto

Y después, sobre todo, existió Françoise Dolto. Siempre habrá un antes y un después de Françoise Dolto. Sus enseñanzas eran revolucionarias para su época. El problema es que sus enseñanzas eran tan revolucionarias, que a menudo fueron mal interpretadas y comprendidas al revés por padres entusiasmados y ávidos de herramientas psicológicas. Muchas dificultades con las que tropiezan hoy los jóvenes padres con sus hijos provienen de ese "doltismo" salvaje que les complica la tarea, pues las enseñanzas de Françoise Dolto mal interpretadas fueron dañinas para las familias.

Comprobemos juntos que usted no es sino una víctima de creencias erróneas.

- Françoise Dolto dijo: *"El bebé es una persona."*

La intención era buena; ella quería que se dejara de considerar a los niños como animalitos sin sesos, y que se les concedieran respeto y atención; pero nunca dijo: "El bebé es un adulto." Sin embargo, los padres tratan a sus hijos de igual a igual. Y para los pequeños eso es verdaderamente espantoso.

- Françoise Dolto dijo: *"Hay que hablarles a los bebés."*

Era también una buena idea. Antes, los bebés eran considerados sólo como tubos digestivos. No solamente no se les hablaba, sino que, además, se hablaba de ellos delante de ellos, sin darse cuenta de que ya podían comprender muchas cosas. El problema es que la "Françoise Dolto mal digerida" lleva a los padres a inundar a su hijo con una incesante oleada de palabras que lo exceden. Demasiados detalles, demasiadas explicaciones, demasiada información. Cuando los niños plantean preguntas, esperan una respuesta que esté a su alcance.

- En el mismo registro, Françoise Dolto dijo: *"Hay que decirles la verdad a los niños, especialmente acerca de su procreación."*

En otras épocas, se mentía a los niños, se les ocultaba la verdad "por su bien". Para Dolto, el silencio y la mentira traumatizan más que las palabras. Las palabras bien dichas en una situación dramática ayudan a superarla. Pero una Dolto mal comprendida ha producido lo siguiente: "Hay que decirles todo a los niños, sin ahorrarles detalle alguno, incluso cuando no les compete." Y nuestros hijos tienen a veces cosas muy pesadas para manejar, porque han recibido informaciones demasiado detalladas sobre temas que no les conciernen. Por supuesto que hay que decirles la verdad a los niños, pero simple y brevemente, con objetividad y sin detalles inútiles, y únicamente si esta verdad les atañe a ellos en su vida personal.

- Françoise Dolto dijo: *"Los padres no tienen ningún derecho y sí todos los deberes."*

En otros tiempos, el niño debía satisfacer a sus padres y responder a sus expectativas: retomar la empresa familiar, hacer el politécnico o trabajar pronto para ayudar a sus padres dándoles su salario; y conservaba una deuda con ellos por lo que había recibido en su infancia. Entonces, estaba bien que los padres se hicieran conscientes de sus responsabilidades de educadores, que aprendieran a escuchar a sus hijos y a respetar sus elecciones de vida. Pero eso se ha deslizado a: "El niño tiene todos los derechos, y hay que satisfacer hasta sus menores deseos y pedirle su opinión acerca de todo. El padre o la madre no tienen derecho alguno de existir." Y uno encuentra todas las desviaciones del niño-rey, que centraliza todo el poder en la casa. ¡Retome su poder de adulto!

* * *

Cuando uno las repone en su contexto inicial, las propuestas de Françoise Dolto ofrecen una hermosa apertura para un mayor respeto y atención de los niños. ¡Qué lástima que, con frecuencia, su mala interpretación haya aportado lo contrario a las familias!

Triunfar a cualquier precio

Como derivación del doltonismo salvaje, existe también la angustia de los padres respecto de los logros de los hijos. La crisis económica pasó por ahí. La generación de los adultos de hoy ha conocido el miedo al despido, la obligación de readaptarse, los contratos de trabajo temporarios y la precariedad del empleo. Además, como decía en la introducción, la familia se ha replegado a su aspecto más nuclear: los padres y sus hijos. Y el niño se ha convertido en el centro del interés familiar, portador de las necesidades afectivas de sus padres y de sus esperanzas de éxito. Los padres tienen tantos deseos de ver triunfar a sus hijos en la vida, tantas ansias de poner todas las oportunidades de su lado, que le crean un uso del tiempo digno del de un ministro y a menudo lo someten a mucha presión.

Los niños de hoy tienen la obligación de triunfar. Esto es muy pesado, muy estresante, muy angustiante. Están en la escuela de la competición y descubren pronto el agotamiento por exceso de trabajo.*

La escuela, los deberes y sus resultados escolares son el tema de conversación principal, incluso el único tema de conversación familiar. El empleo del tiempo está desbordado. Las actividades extraescolares, como solfeo, música, deportes, se suman al trabajo escolar. No existen verdaderas vacaciones. Hay cuadernos de vacaciones, temporadas lingüísticas, prácticas deportivas. Su tiempo libre también debe ser rentable. Aun para los más pequeños, los juguetes se hacen cada vez más educativos. Ya no se juega sólo para jugar, sino para aprender divirtiéndose. ¡Matices! Los niños no tienen más espacio para soñar o jugar, y ni siquiera tiempo para aburrirse. Entonces, ¿consideramos a nuestros hijos como niños? En verdad, parecería que no. Adultificados, competitivos, agotados por el excesivo trabajo, estresados..., como los grandes.

* * *

Sin embargo, existe una frontera natural entre el mundo de la infancia y el mundo de los adultos. En otros tiempos, esa frontera estaba

---

* En el original, en francés, *surmenage* (N. de E.).

bien definida. Los niños no hablaban cuando estaban sentados a la mesa, se iban a acostar mientras los padres se quedaban despiertos, no se mezclaban en las conversaciones de los adultos y no discutían las decisiones de sus padres. Tenían todo el tiempo para vivir en una burbuja mágica de juegos y de despreocupación, algunas veces entre dos sopapos, estoy de acuerdo, pero recuerde... Simplemente, ¡recuerde!

En estos últimos treinta años, esto ha cambiado mucho y, si bien el pasaje objetivo de la infancia a la edad adulta se produce cada vez más tardíamente, los niños son tratados cada vez más tempranamente como "miniadultos". Intervienen en las conversaciones de los adultos, interrumpen la plática, participan en tomar decisiones y a veces las imponen resueltamente. ¿Qué es lo que queda del mundo mágico y protegido de la infancia, cuando las cartas a Papá Noel de nuestros queridos pequeños de rubias cabezas tienen el cinismo de un pedido de venta por correspondencia?

Pues bien, la mayoría de los problemas familiares provienen de no respetar esta frontera entre el mundo de la infancia y el mundo de los adultos por parte de uno o de varios miembros de la familia. Padres infantiles, hijos adultificados, relaciones de camaradería intergeneracional; todo esto desequilibra la estructura familiar y es perjudicial para el desarrollo de los niños. Los hijos tienen el derecho de ser considerados como niños. Tienen el derecho de ser despreocupados, torpes, juguetones, inmaduros. Respete esta frontera natural que separa el mundo de la infancia del mundo de los adultos. Para comunicarse bien con ellos, considere a sus hijos como niños.

Hay un antídoto para esos obstáculos

Como ha podido descubrir, la culpabilidad, el perfeccionismo y la adultificación de los niños son los principales obstáculos para un buen ejercicio de su función parental. Para librarse de ellos, le propongo algunas pistas con el fin de encontrar el derecho a una imperfección agradable para usted y constructiva para sus hijos. El objetivo es aprender a hacer menos, con una mejor conciencia; aprender a hacerle a usted más fácil la vida, en lugar de complicársela; encontrar la simplicidad, la evidencia y el sentido común.

La primera consigna es menos psicologismo y más racionalidad

Hay un momento en que es útil plantearse preguntas; eso prueba que se es alguien abierto, y resulta importante estar abierto al propio funcionamiento para evolucionar. Pero, al querer ser demasiado abierto, uno queda en medio de la corriente de aire. Los niños tienen necesidad de certezas: interrogaciones demasiado numerosas los desestabilizarían. Por eso hay también un momento en que está bien dejar de plantear preguntas y encontrar el sentido común más elemental. Un niño debe comer de todo, cepillarse los dientes, hacer los deberes, ordenar su habitación, obedecer a sus padres y acostarse temprano. En lugar de vacilar y de negociar largamente preguntándose qué sufrimiento psicológico expresa que se niegue a comer sus arvejas, vuelva al básico "Vamos, cállate ahora y come". Eso serenará las mentes.

Renuncie a su fantasma de perfección

Para no permitir que lo carcoma la culpabilidad, deje de creer que existen padres perfectos, hijos perfecto, o una manera ideal de educar a los niños. Cada padre o madre hace lo que puede con lo que tiene, y nadie puede pretender que todo le salga siempre perfectamente, salvo algunos petulantes mentirosos o quienes carecen absolutamente de objetividad.

* * *

En un cursillo, una mamá de tres hijos nos contó la siguiente anécdota. El domingo anterior al cursillo, la jornada había comenzado mal para toda su familia. Gritos, llantos, peleas y enojos habían alimentado su mañana. Durante el almuerzo, incluso la relación de la pareja era tirante, y el ambiente seguía siendo pesado. Después, hacia las tres de la tarde, la familia salió a hacer compras en una tienda de jardinería. El placer de la salida, las decoraciones navideñas, algunas compras reanimaron los espíritus y, después de pasar por la caja, la familia había recuperado su cohesión y su buen humor. Por eso la cajera exclamó: "¡Qué hermosa familia tiene! Da gusto verla." Esta mamá terminó su relato diciéndonos: "La cajera nos tomó por una familia perfecta; pero, si nos hubiera visto a la mañana, hubiera pensado todo lo contrario." Entonces, a su turno, esté seguro de esto: si usted se cruza con una familia perfecta, ¡forzosamente se trata de un milagro!

* * *

Siguiendo la misma lógica, no escuche la crítica de los demás. Usted observará, además, que quienes más critican son los que no tienen hijos, y entonces no saben de qué hablan, o los que olvidaron lo que ellos vivieron cuando sus hijos tenían la edad de los suyos. Además, criticar es muy fácil y está al alcance del primer imbécil que pasa. Comprender, tolerar, aceptar, compartir es muy difícil. Deje a quienes critican en su perfeccionismo. Usted, ahora, ha comprendido.

Restaure su egoísmo

A fin de conservar para sus hijos un padre o una madre alegres, risueños, disponibles y pacientes, es necesario que goce de buena salud, esté descansado y tenga distracciones. Entonces, mímese. Cuídese, tómese su tiempo para beber (¡le quitará la sed!), para comer, para dormir y para salir. ¡Concédase momentos de verdadero esparcimiento! Después, usted será más eficaz y estará más disponible. Yo sostengo que una mamá que ha pasado media hora dándose un baño de espuma, con una música que le agrada, un té aromático, una máscara en el rostro (y la puerta del cuarto de baño CERRADA CON LLAVE), será una mucho mejor mamá después de su baño que la que haya fregado los platos, planchado la ropa e intervenido en las peleas, durante esa misma media hora.

Del mismo modo, respecto del egoísmo: a igual precio, es mejor invertir en un lavaplatos que en la última consola de juegos. Además, si hubiera economizado centavo a centavo de cada goma de mascar, cada helado, cada adhesivo que su hijo ha logrado que le compre, usted tendría ya su lavaplatos, ¿no es cierto? Usted meditará acerca de esto: a menudo, lo que simplificaría la vida de mamá es demasiado caro, pero cuando se trata de darles un gusto a los pequeños, no escatima nada. Finalmente, mamás, en cuanto al egoísmo, sigan el ejemplo de los papás. Ellos tienen razón. Ustedes hacen demasiadas cosas, están muy a disposición de los demás. Aprendan a descansar, a mandar a pasear a los inoportunos, a arrojar la esponja.

Justamente, hablemos un poco de las tareas domésticas. Muchas mamás, imbuidas del modelo de sus propias madres, se imaginan que ser una "buena" mamá es ser un ama de casa y una cocinera irreprochables, incluso una sirvienta o una esclava de los hijos transformados en reyes holgazanes. No confunda más "amor" con "maternidad" e, incluso, "maternidad" con "quehaceres domésticos". Haga que la ayuden. Diga sin complejos: "Estoy desbordada. Por favor, puedes ocuparte de... mientras yo..." Señoras, aprendan a pedir. Cada uno debe participar según distintos grados. Además, a los pequeños les encanta sentirse útiles. Estoy segura de que en toda hada de la casa dormita una bruja que sólo pide expresarse.

* * *

En resumen, para simplificar su vida doméstica hay dos preguntas claves: *¿Es verdaderamente indispensable hacer eso?* Y, si lo es, *¿quién otro podría hacerlo en mi lugar?*

* * *

Cuando usted sepa hacer menos con una mejor conciencia y tenga el reflejo de buscar simplificar su vida en lugar de complicársela, cuando haya recuperado el derecho de ser perfecta en su imperfección, usted les propondrá a sus hijos un modelo de adulto agradable y constructivo. Liberada de toda culpabilidad inútil, su comunicación será enormemente saludable. Ésta se volverá cálida, auténtica, coherente y plena de sentido común.

Capítulo 2

El lenguaje de protección

Yo soy tu guía y tu sostén

Imagine que usted ansía realizar una hermosa excursión por las montañas. Como una persona prudente y sagaz, decide hacer que lo acompañe un guía profesional de alta montaña. Su presencia le dará seguridad, y su experiencia será preciosa para alcanzar su destino en las mejores condiciones de comodidad y seguridad.

Usted espera que este guía controle su material y el contenido de su mochila, que verifique antes de la partida su vestimenta y las vituallas que usted porta, e incluso que le pida que cambie de calzado o lleve un abrigo de más. A su juicio, él debe también tener una visión global de la expedición, el tiempo de duración de la caminata, los lugares para acampar, conocimientos de meteorología, etcétera. ¿Lo consideraría un profesional si no actuara así? Del mismo modo, usted consideraría normal que su guía lo enviara con firmeza a la cama a las

8 de la noche, si la partida del refugio está prevista a las 4 de la mañana para llegar a la cima al mediodía. En cambio, estaría muy resentido con él si le hubiera permitido quedarse despierto sin prevenirle acerca del esfuerzo que le esperaba el día siguiente, ¿no es cierto?

Pero imagine ahora que, desde la partida, su guía se dedicara a preguntarle sin cesar dónde y cuándo quiere usted hacer la próxima parada, por dónde desea pasar, su opinión acerca del itinerario y de la meteorología, no tomara ninguna decisión por sí mismo y se refiriera sistemáticamente a su buena voluntad, porque "es usted quien decide puesto que es el cliente". ¿Y si en el transcurso del trayecto descubriera de pronto que él no conoce más que usted acerca de la montaña, y que él mismo está asustado y perdido? Eso sería aterrorizador, ¿verdad? Por el contrario, es tan bueno poder descansar con los ojos cerrados en la capacidad de un profesional superinstruido, y dejarse guiar, proteger y conducir.

Sí, exactamente de eso tienen necesidad sus hijos: de sentirlo fuerte y capaz por sobre ellos, para acompañarlos en su crecimiento. Como padre o madre, usted es su guía de vida. Si trata de igual a igual a sus hijos, si se coloca en la posición de su devoto servidor, les quita la guía de vida que necesitan y a la que tienen derecho.

* * *

Tomemos otro ejemplo: imagine que lo nombran presidente de una gran multinacional sin que esté calificado para ese puesto. Alrededor de usted sólo hay personas obsequiosas que le piden que tome decisiones respecto de tal o cual ámbito que lo excede completamente. Usted es muy consciente de que no conoce nada de eso, de que sus decisiones podrían estar llenas de consecuencias y llevar a la compañía a una espantosa quiebra; pero, como todo el entorno niega su incapacidad y lo trata como un genio del mercadeo, usted se dice que debería saber hacerlo, y eso incrementa su miedo y su soledad. Es precisamente lo que siente un niño a quien se pide su opinión para todo. Los padres creen que lo escuchan, creen que deben tener en cuenta sus deseos y sus opiniones, y en realidad lo aterrorizan enfrentándolo a decisiones que lo superan.

"¿Qué quieres comer, cariño?" Como un niño no es un nutricionista, evidentemente responderá: "Patatas fritas y chocolate." Muy molesto por esta respuesta que, sin embargo, ha buscado y podría haber sospechado, el padre o la madre van a intentar otro enfoque: "¿No crees que sería mejor comer un poco de legumbres, por ejemplo frijoles? El niño no entiende: él debería saber, ¿yo soy el director general o no lo soy? Entonces endurece su mirada y, perentorio, contesta firmemente: "No, *so quero* fritas." El padre o la madre se han complicado ellos solos su tarea. Ahora, para agregar los frijoles en un menú, ¡deberán dar pruebas de una dichosa creatividad! Igual que con la vestimenta: los niños no son meteorólogos. "¿Cómo quieres vestirte, mi pollito? ¿Tus sandalias coloradas? Pero, en fin, mi querido, ¡está nevando!" Nuestros hijos se ven ante elecciones muy complicadas, ante decisiones muy difíciles que los superan, y esto los hace sentir muy inseguros.

* * *

Usted es su guía de vida. En ese sentido, debe asegurarles una protección importante para que puedan desarrollar una base de confianza en su ambiente. Un bebé, después un niño, que con frecuencia se hace daño golpeándose, rasguñándose, cayéndose, tragando agua —aunque no se lastime gravemente—, desarrolla una inseguridad latente. Por eso es muy importante establecer bien la diferencia entre "hacer que carguen con mis propios miedos" y "proteger".

"No te alejes del borde, te vas a ahogar" es la orden del "cargar con mis miedos". "Puedes ir allí con tus brazaletes flotadores. Yo me quedo a tu lado y te observo" es la orden de la protección. Sin aflojar la vigilancia, se puede también comenzar muy pronto a explicar y a enseñar las primeras consignas de seguridad sobre los productos tóxicos, la electricidad, la manipulación de los cuchillos y la tijera, y advertir acerca de las llamas y el horno, que pueden producir quemaduras. Para quedarse con la noción de protección, es necesario acentuar el aspecto de "consignas de seguridad", a fin de que todo salga con bien y no exagerar el peligro potencial para provocar temor. En lugar de decir "No toques eso, desgraciado, te vas a lastimar", mejor diga: "Para tocar eso con seguridad, hay reglas que respetar. Ven, te las voy a mostrar."

Habrá observado, además, que cuando se elige la opción "carga con mis miedos", con frecuencia éstos se transforman en profecías. A la frase "No corras que te vas a caer", sistemáticamente sigue: "Ves, te lo dije, pero no me oíste."

Yo tengo en cuenta todas tus necesidades

Esta base de confianza en la vida en general se les dará también a los niños para satisfacer **TODAS sus necesidades psicológicas**: estar bien abrigado pero no demasiado, beber, comer, dormir, jugar, recibir mimos hasta saciarse. ¡Y sí! Jugar y recibir mimos forma parte de las necesidades psicológicas de los pequeños (y de los grandes, también). En cambio, es preciso hacer una buena diferenciación entre "necesidades" y "deseos", pues si bien los padres son responsables de satisfacer las necesidades de sus hijos, no tienen que hacerse cargo de sus deseos. Por ejemplo, un buen par de zapatillas deportivas cómodas y resistentes es una "necesidad". El logotipo de una marca famosa y cara sobre dichas zapatillas, un "deseo". Después de esta significativa distinción, volvamos ahora a las necesidades psicológicas básicas de los niños.

Comer. Con respecto a la nutrición, en los países industrializados hay poco riesgo de que los niños conozcan lo que es el hambre de una manera traumatizante. Incluso, los niños occidentales están demasiado alimentados y, sobre todo, mal nutridos. Muchos azúcares de rápida absorción en el desayuno inducen un momento de fatiga durante la mañana. Este momento de fatiga, combatido por una colación alrededor de las once de la mañana, les quitará el apetito para el almuerzo, al que le harán ascos. Esto provocará un nuevo momento de fatiga después del mediodía, y así sucesivamente.

Estos cansancios repentinos ligados a la hipoglucemia generan un malestar y una inseguridad latente. Para poder nutrir bien a los hijos, hay que combatir el impacto de la publicidad que los hostiga, pero la lucha vale la pena. La obesidad de los niños, en otros tiempos limitada a los Estados Unidos, comienza a extenderse a los países de Europa. Y, del mismo modo en que usted escucha a su guía de alta montaña que le aconseja ingerir alimentos apropiados para el esfuerzo, que usted debe llevar para que no sentirse ni débil ni somnoliento a lo largo de la travesía, sus hijos tienen necesidad de su sentido común para tener una nutrición equilibrada que les procure una energía duradera y una buena salud, a corto y a largo plazo.

Beber. Todos sabemos que los bebés son muy sensibles a la deshidratación. Pero es importante saber también que, incluso cuando son más grandes, los niños siguen siendo muy sensibles a la sed, cuya sensación no necesariamente saben identificar. Esto proviene principalmente de las sodas o bebidas gaseosas y de los jugos de frutas, que se beben por glotonería y no por sentir sed, pero también porque están demasiado ocupados en sus actividades para escuchar a sus cuerpos. Corren, transpiran, tienen calor (sobre todo, porque la mayoría de las mamás, al ser ellas friolentas, abrigan demasiado a sus hijos), y se deshidratan. La deshidratación los vuelve nerviosos, inseguros y agresivos.

Por eso, durante mis cursos sobre el manejo de conflictos, sugiero a los participantes ofrecer a una persona agresiva discutir el problema bebiendo algo. Nada de alcohol, por supuesto, pues eso agravaría las cosas, sino un café, un vaso de agua..., y esto me sido confirmado muy frecuentemente: el vaso de agua fresca hace milagros. Entonces, compruebe regularmente que sus hijos beban lo suficiente, en particular si percibe que están nerviosos, agresivos e inquietos.

Dormir. Respecto de la necesidad de sueño, las cosas se agravan netamente. Los pediatras, las guarderías maternales, los docentes machacan sin descanso que hay que acostar a los niños muy temprano. Da lástima ver a esos pequeños con enormes ojeras que dormitan en clase. Incluso no parece que se respeten sus horarios de sueño. Hay que dejarlos temprano, antes de ir a trabajar, con la persona que se encarga de cuidarlos, y la hora de la siesta corre el riesgo de ser interrumpida porque hay que llevar al hermano mayor a su clase de piano. Sin embargo, el reposo forma parte integrante de la base de confianza y de seguridad. La falta de sueño, como la sed, genera un malestar que produce inseguridad, que nosotros también conocemos como adultos: ¡qué mal se siente uno cuando no ha dormido!

Los docentes de las guarderías maternales lo confirman: a los niños demasiado cansados sólo los sostienen sus nervios. Son los niños más agitados los que primero se desploman a la hora de la siesta. Se impone una solución: acostar a los niños muy temprano, realmente muy temprano, a las 20, o a las 19 y 30 a los más pequeños o más dormilones. Esto no se observa cuando se vuelve tarde del trabajo. Hay que preparar la cena, y después están el baño y el cuentito para leer a cada uno. Y es entonces cuando las mamás necesitan terriblemente a los papás. Muchos hombres sufren del horror de "las seis a las ocho", que es un momento de intenso agotamiento si se tienen niños pequeños. En consecuencia, para mantener la conciencia limpia por escapar de ese calvario, trabajan hasta tarde e incluso directamente se demoran en la oficina. No lo nieguen, señores, ¡muchos hombres me lo han confesado!

Moraleja: los hombres vuelven a las 20 y 30, incluso a las 21, para estar seguros de que escapan de todo ese molesto trabajo y, por añadidura, pasan a ser héroes, ¡pobres animales de trabajo que se extenúan por su familia! Pero, a causa de esta manera de actuar, los que esperan a su papito querido para el beso de la noche todavía no se han acostado. En tanto la mamá, que se ha ocupado sola de todo, está al borde de una crisis de nervios. Señores, les pido por el amor que sienten por sus esposas y sus hijos: dejen de jugar a "yo soy un hombre abrumado por el trabajo".

Si siguen huyendo cobardemente del horario de 18 a 20, van a dejar de lado los años más importantes de sus hijos, esos en los que ellos tienen verdadera necesidad de ustedes, y lograrán que su esposa se convierta en una mujer agria y poco dispuesta para estar con ustedes. Mientras que, si regresan temprano, muy pronto se darán cuenta de que, de a dos, el horario de 18 a 20 no es tan terrible, que se puede hallar un auténtico placer en dar un baño o en contar el cuento de las buenas noches. A partir de las 19 y 30, o a más tardar a las 20, tendrán a su lado a una amante esposa, distendida, agradecida por su apoyo. Si los niños se acuestan temprano, ¡eso permite tener una larga noche por delante! Y ustedes saben, señores, cómo demuestran su gratitud las mujeres agradecidas... (Observen la hábil transición que utilizo para hablarles de la siguiente necesidad psicológica.)

Jugar y recibir mimos. A la inversa de lo que recomendaban nuestras abuelas, permanecer en brazos de los padres todo el tiempo que sea necesario cuando uno es un bebé no nos hace caprichosos, sino muy por el contrario. Y el juego es una necesidad para los niños, como el esparcimiento lo es para los adultos.

Cuando un niño está bien alimentado, bien hidratado, bien descansado y bien mimado, cuando no se hace demasiados chichones ni rasguños, es naturalmente sereno y seguro. Finalmente, para completar esta sensación de seguridad, el niño necesita tener un techo sólido y estable encima de su cabeza, y saber que sus padres le confirman, en todos los aspectos, su protección moral, física e, incluso, financiera. "No tengo ni un céntimo" es una de las frases que aterroriza a los niños, igual que "Si no vienes inmediatamente, me voy sin ti" o "¡Oh, pero tú eres más fuerte que mamá!". Si un niño se cree más fuerte que su madre, que es una adulta, ¿cómo se va a sentir protegido por ella?

¡Que la fuerza esté contigo!

El mensaje que nuestros hijos nos piden que les demos para estar seguros es: "Yo, tu padre o madre, soy más fuerte que tú física y moralmente. Entonces, te puedo defender con eficacia."

Usted, sin duda, habrá observado que los papás se hacen obedecer por sus hijos más fácilmente que las mamás. El motivo es simple: basta que levanten a su hijo como una plumita en el momento del beso de las buenas noches para que les demuestren su inmensa fuerza física que brinda tanta seguridad.

También, con frecuencia, los papás arman un alboroto con facilidad. Con sus grandes brazos musculosos, ciñen a su prole, que chilla, molesta por ser inmovilizada: "¡Detente, papá, que me haces daño!" Es completamente falso, por supuesto; los papás no son tontos y saben medir su fuerza. Para el niño, se trata de una maniobra de intimidación para probar si la fuerza moral está a la altura de su fuerza física. Por instinto, los hombres lo sienten y mantienen al niño inmovilizado hasta que éste reconoce implícitamente su inferioridad. Sometido y molesto, pero tranquilizado, el niño sabe que tiene al papá más fuerte de la Tierra y se siente completamente protegido.

Desgraciadamente, a menudo las mamás llegan para sabotear este ritual que da seguridad. Al oír lloriquear a su pequeño, se enfrentan a su marido y gritan: "¡Pero déjalo ya, pedazo de bruto, le haces daño!" Los papás, avergonzados, cumplen con la orden. Ni el padre ni la madre se dan cuenta de que el mensaje que se transmite entonces es: "Por más que tu padre sea el papá más fuerte de la Tierra, no es más que un títere que obedece puntualmente a su débil esposa." Sí, "débil", señoras, pues ella se deja engañar con sensiblería por los astutos gimoteos del chiquillo. Y el niño sabe que, sin fuerza moral, la fuerza física no sirve de mucho.

Además, la multiplicación de los divorcios lleva a que con mayor frecuencia las madres eduquen solas a sus hijos. ¿Quién va a ser el elemento protector del hogar si papá no está allí y mamá se deja conmover en toda ocasión o pretende ser menos fuerte que su hijito? Creyendo complacer al hombrecillo y halagar su ego masculino, las mamás a menudo exageran con "Eres tremendamente forzudo", "Eres más fuerte que mamá, has crecido tanto que no puedo levantarte más", o ese tipo de frases que ellas creen que valorizan las cualidades viriles del pequeño macho que nace, pero que aterrorizan a los muchachitos, pues no son tontos. Ciertamente halagados, sin embargo también son conscientes de que son de talla muy bajita y, además, incapaces de defenderse por sí mismos, como de proteger a esta mamá tan vulnerable.

Durante mis conferencias, invito entonces a las madres a mostrarse más "viriles" con sus pequeños. Alzar a un niño pequeño sin hacer muecas de dolor por el esfuerzo está al alcance de cualquier mujer adulta (salvo que sufra de lumbago, evidentemente). Y, como el comportamiento de un niño (por lo general, de alrededor de cuatro años) se hace ya difícil de encuadrar, yo les propongo a las mamás que hagan el siguiente ejercicio: organizar un alboroto a la manera de los papás y aprovecharse de ello para inmovilizar al niño. Lo más fácil es hacerle cruzar los brazos sobre la espalda para sostenerlo por las muñecas. Es un alboroto. Riéndose, mamá lo besa en el cuello y le dice: "¡Laré, laré, laré, te tengo, te atrapé!" Y le promete dejarlo si él pronuncia la fórmula mágica que abre los dedos ("Por favor, mamá"). Igual que con papá, el pequeño, molesto, va a intentar intimidar a su madre: "¡Ay! ¡Detente! ¡Déjame! ¡Me haces daño!" El niño, probablemente, va a gritar, a llorar, a debatirse. Psicológicamente, lo que está en juego es muy importante. Por eso, es necesario que las mamás se mantengan firmes a toda costa pues, si no, el ejercicio provocará el efecto contrario y le confirmará al niño su superioridad mental. Con un tono ligero y chistoso, la mamá responde: "Pero no, yo no te hago daño; eres tú que el que te haces daño tirando de las muñecas. Sólo tienes que decir la fórmula mágica y ¡hala!, serás liberado."

Oficialmente, entonces, se arma un alboroto todos los días; pero, en ese estadio, decir "por favor, mamá" se convierte en algo donde está en juego el poder. La resistencia del niño será proporcional al poder que se le ha permitido adquirir antes. Milton Erickson, el gran terapeuta estadounidense, había prescrito una tarea equivalente a la mamá de un diablillo de ocho años, cuyo comportamiento no había podido controlar ningún adulto. Le había recomendado sentarse sobre su hijo con una pila de revistas, sándwiches y un termo de café para esperar pacientemente tanto tiempo como fuera necesario, y no liberar a su hijo hasta que hubiera presentado sus disculpas y prometido comportarse bien en lo sucesivo. Así lo hizo y, después de un día completo de rodeo, el niño volvió a ser un muchachito encantador.

Pero volvamos a nuestro pequeño, sujeto por las muñecas, que lucha y aúlla de rabia. La madre debe mantenerse firme. Cuando el niño se doblegue y pronuncie la fórmula mágica, quizá hipando entre dos sollozos, mamá podrá soltarlo. Si el niño, una vez libre, se burla de su madre ("Yo dije 'por favor', pero no era verdad, tralalá"), hay que organizar una segunda vuelta. Aparentemente indignada y siempre oficialmente alborotadora, la mamá inmoviliza de nuevo a su pequeño. Si está cerca, advierta al papá antes del ejercicio, de que no intervenga. Al final de este trabajo, aparentemente se ha provocado un alboroto, pero el mensaje se ha transmitido: "Mamá es fuerte física y mentalmente; ella me puede proteger."

Las devoluciones que me han hecho las madres que practicaron esta maniobra son muy positivas. Los niños se sosiegan muy rápidamente, se hace fácil vivir con ellos, y se vuelven serenos en su vida cotidiana. Una mamá, incluso, me contó que su antigua diablilla, metamorfoseada en angelito, volvía con regularidad a acurrucarse contra su espalda. Ella cruzaba los brazos, tendía sus muñecas para que su madre las inmovilizara y pedía con admiración: "Mamá, ¡muéstrame qué fuerte eres!"

* * *

Guía de la vida de sus hijos, lleno(a) de fuerza psíquica y moral, capaz de demostrar su sabiduría y su experiencia en la vida, está ahora preparado(a) para ascender a la próxima cima: el lenguaje de la firmeza.

Capítulo 3

El lenguaje de la firmeza

Muchos padres no conocen cuáles son los límites que deben poner a sus hijos y menos aún cómo hacerlo. Perciben intuitivamente que tal vez deberían ser más firmes, pero se culpan y se sienten jaqueados desde que levantan el tono de voz. Víctimas del mito de los padres perfectos y de la armonía familiar eterna, no se dan cuenta de que los niños tienen necesidad también de que uno sepa hasta dónde pueden llegar.

La utilidad de los límites

¿Por qué los niños buscan límites?

Los niños buscan límites porque les dan seguridad, los estructuran y los ayudan a construir su identidad. Éstos los rodean como un cerco psicológico que define su territorio y fija sus referencias. La angustia y la inseguridad proceden a menudo de una falta de conocimiento de sus propios límites y, por lo tanto, de su identidad. Es exactamente la misma impresión que se puede tener si uno se encuentra en pleno desierto, en medio de las dunas, sin la más mínima palmera u oasis donde encontrar reparo.

Por otra parte, gracias a un entrenamiento intensivo en la disciplina, uno puede hacerse disciplinado. Ciertos gestos y reflejos, como pasar un trapo sobre la mesa o cepillarse los dientes, no se automatizarán sino después de un cierto número de años de ajuste.

Finalmente, y lo que es más importante aún, un buen manejo del sentimiento de frustración evita recurrir a la violencia. Pues la violencia es una explosión de rabia (no confundirla con la ira), es decir, de la frustración no aceptada. Una persona violenta es alguien que no ha integrado o admitido el hecho de que no era todopoderosa respecto de los acontecimientos exteriores y que no podía "hacer sino lo que ella quiere, ¡cómo no!".

La ilusión de la omnipotencia infantil

Los bebés nacen con una ilusión de omnipotencia. Creen que el universo entero gravita en torno de su bonito ombligo. Es suficiente que expresen su incomodidad o su descontento para que de inmediato se cambie la cama, llegue el biberón o se presenten unos brazos para acunarlos. Los bebés creen entonces que son pequeños dioses que tienen el control del mundo. Tarde o temprano, brutal o progresivamente, se verán enfrentados a la realidad y deberán perder esta ilusión de omnipotencia. Y es mejor que sea temprano y progresivamente que tarde y brutalmente. La pérdida de esta ilusión es dolorosa para todo el mundo. Durante la vida entera conservamos la nostalgia de esta ilusión de omnipotencia, y todos buscamos recuperar ese sentimiento de ser omnipotentes. Cada vez que la vida nos muestra nuestros límites, experimentamos el sufrimiento de ver que se nos recuerda que ya no somos dioses. Este terrible sufrimiento se llama "frustración".

Cuanto más intenten los padres ser buenos, amorosos y dispuestos, más detestarán tener que establecer límites. Pero, cuanto más traten de evitar tener que frustrar a su hijo, más lo dejarán con esta ilusión de omnipotencia. Como esta omnipotencia es sólo una ilusión, la vida se hará cada vez más difícil para todo el mundo. Mientras los padres se hunden en la culpabilidad de no lograr mantener un clima de dulzura, paciencia y serenidad, el niño se vuelve autoritario, descarado y caprichoso.

Pues bien, desde la infancia se aprende a manejar la frustración. Las personas que saben manejar la frustración se convierten en seres maduros, sociables, capaces de tener paciencia y resistencia. Pueden alcanzar objetivos cuyos beneficios no son inmediatos, es decir, objetivos a largo plazo: estudiar, ahorrar, seguir una dieta. Los que no saben manejar su frustración se vuelven impulsivos, coléricos, incluso violentos, porque creen que la realidad es la que debe adaptarse a sus sueños, y no ellos los que deben adaptar sus sueños a la realidad.

Manejar la frustración

¿Cómo se aprende a manejar la frustración? Se aprende por medio del "no", de los límites, del "ahora, no". Los niños de hoy carecen de suficientes límites. Por un lado, son terriblemente tentados por la moda, por la publicidad, por la sociedad de consumo, cuando abren una revista, encienden la televisión o discuten con los compañeros; por el otro, hay padres que cada vez se sienten más culpables por tener que negarles algo. Es muy difícil, pero cada vez más urgente, decirles que no y enseñarles a resistir la tentación. Entonces, ¡frustre a sus hijos sin complejo! Además, esto forma parte de su papel de padre o de madre.

La función parental tiene dos aspectos. Uno es gratificante; es el lado "papá-mamá" de los besos, los mimos, las historias y el consuelo. El otro lo es claramente menos; es el lado "padre-madre", el que frustra, prohíbe y castiga. Un niño tiene necesidad de límites y, por lo tanto, los buscará hasta que los encuentre. Entonces, mejor que lo haga antes de hallarse ante el escritorio de un juez de menores. Desgraciadamente, esto sucede cada vez con mayor frecuencia. Es su deber endurecerse frente a la frustración y enseñarle a soportar los "no", las negativas y las esperas para que aprenda a ser paciente y a aguantarse.

Entonces, diga "no", diga "basta", diga "ahora, no", e incluso diga "Sí, te lo había prometido pero cambié de opinión" sin acomplejarse. Muchas de las promesas que les hacemos a nuestros hijos nos las arrancan ellos en los momentos en que captan que estamos desatentos. Uno dice distraídamente "Claro, mi pollito" y, si uno no se permite cambiar de opinión, se deja engañar. Cuanto más uno se permite cambiar de opinión, menos manipulable es. Ellos se encontrarán toda su vida con promesas verbales que no se cumplen. No sólo es necesario que aprendan que no se manipula a los adultos como a marionetas sino, además, es preciso que aprendan a ser desconfiados y a comprobar la validez del compromiso. Si nosotros, como padres, somos confiables en un cien por ciento con ellos, van a seguir siendo ingenuos y potencialmente manipulables ellos mismos.

Oblíguelos a enfrentar sus responsabilidades. Enséñeles que la vida no es un eterno parque de diversiones donde uno se divierte de la mañana a la noche. Nosotros tenemos derechos y libertades, pero también deberes y obligaciones, cualquiera sea nuestra edad. Usted puede ser un padre o una madre que está dispuesto(a) a escuchar, siempre atento(a) y protector(a), pero no deje que sus hijos se pongan en el lugar de mártires cuando se trata de las obligaciones de ellos. Tender la mesa o vaciar el lavaplatos no son "cargas agobiantes". Estudiar en la escuela no es un "espantoso calvario". Todos los estudiantes de la misma edad tienen profesores exigentes y lecciones para estudiar. Es más bien, incluso, la circunstancia dichosa de vivir en un país donde existe una muy buena escolarización. No se queje cuando sus hijos tengan que realizar sus deberes escolares; exíjales que cumplan con sus obligaciones y que asuman la responsabilidad de sus actos. Ser capaz de hacer frente a las propias responsabilidades da al cabo un sentimiento de autonomía y una buena base a la autoestima. Por el contrario, poder huir de ellas con total impunidad impide desarrollar la estima por sí mismo y convertirse en adulto.

Haga que sus hijos se acuesten temprano para que tengan su cuota de descanso y usted, por fin, una paz bien merecida a la noche. Luego de la hora de acostarse, si hay pedidos, esté a disposición para verdaderas necesidades fisiológicas, pero no sea más expresivo ni simpático en absoluto. Incluso los más grandes estarán mejor en su cama, con un buen libro, que en la sala de estar para imponerle su programa de televisión favorito o sus juegos de vídeo. La sala de estar debe convertirse en un lugar para usted, y absolutamente suyo, a partir de las 21, sobre todo en época escolar. ¡Ah, por fin! ¡Cuántas buenas veladas para descansar hay en perspectiva!

* * *

Todo este trabajo de encuadre de los hijos exige energía al comienzo, pero brinda sus frutos a largo plazo. Es necesario estar alerta, llamar al orden, insistir para que pongan la mesa, para que se cepillen los dientes... Es más fácil hacerlo cuando uno no ya se culpabiliza. Cuando uno está seguro de lo justo de su exigencia, no hay necesidad de gritar o de amenazar. El tono es firme, tranquilo y eficaz. Los niños sienten instintivamente nuestra resolución. Por supuesto, ellos protestan, ¡vaya!, es normal que lo hagan, pero cumplen las órdenes. E incluso si tuviera que gritar, no se culpabilice. Muestre sus emociones. Equivóquese. ¡Dese permiso de ser un ser humano, perfecto en su imperfección!

La dificultad de poner límites

Pero poner límites no es tan simple. A menudo, los padres titubean, dudan, se culpabilizan, se excusan, se justifican o dan marcha atrás cuando no consiguen una victoria. En resumen, chapotean, y su chapoteadero contiene con frecuencia los mismos ingredientes.

Los mecanismos que impiden poner límites

1. La confusión entre amor y maternalización. La maternalización es la primera forma de amor que hemos recibido, y conservamos un recuerdo nostálgico de ella. Creemos dar el amor más incondicional al maternalizar y, sin embargo, después de los ocho años, la maternalización se convierte en un veneno, pues infantiliza en lugar de permitir la autonomía. ¡Aprenda a decir "te quiero Y tú mismo vas a untar con mantequilla la rebanada de pan"!

2. El conflicto de valores. Por un lado, su hijo tiene suficiente edad para aprender a ser paciente. Por el otro, usted se enternece por su capacidad infantil (que perderá bastante pronto) de ponerse ansioso con el entusiasmo del momento. Finalmente, usted se arrepentirá más de haber cedido demasiado pronto a su demanda que de haberlo encauzado a esperar pacientemente. Entonces, sepa establecer las prioridades: ¿cuál de los dos valores en conflicto es más importante para usted? ¿No es una gracia a corto plazo que lo va a perjudicar a largo plazo?

3. **La culpabilidad y la falta de egoísmo** (es decir, de respeto y de escucha de sí mismo). Verdadera plaga parental de la cual hemos hablado extensamente en el primer capítulo, la culpabilidad, paradójicamente, azota a los "buenos" padres y madres, y obstaculiza su labor. Ella, entonces, agrava las cosas en lugar de mejorarlas. Renuncie de una vez por todas a ser perfecto(a) y relájese: a lo sumo, con una psicoterapia que se vuelve cada vez más operativa, sus hijos tendrán, cuando sean adultos, herramientas de buena calidad para curar sus posibles traumas. Mientras tanto, su falta de culpabilidad le dará vacaciones a todo el mundo.

4. **El eco de sus propios sufrimientos cuando usted era un niño.** Usted detesta las espinacas y los calcetines con dibujos escoceses. Por eso lo deja comportarse como un déspota tiránico respecto de la forma en que se viste y en que están compuestas sus comidas. Es una revancha contra su antigua suerte triste. Pero cuántas horas pasan hasta llegar a un acuerdo so-

bre la solución que usted no se atreve a imponer. Reencuentre su objetividad de adulto.

5. La mirada y la opinión de los demás. ¿Cuántos padres cambian su comportamiento cuando están en público? Basta con observar la escena en las filas del supermercado, para darse cuenta de quiénes son sensibles a la mirada de afuera. El niño que da alaridos y el padre que enrojece de confusión despiertan sonrisas de disculpa alrededor de ellos. Vamos, deténgase. Los que podrían juzgarlo(a) con severidad son aquellos que no han tenido nunca un niño o que ya se han olvidado de ello. Entonces, la opinión de éstos tiene un valor muy relativo.

6. La falta de legitimidad. Cuando papá levanta la voz, mamá interviene: "Pero déjalo ya", y recíprocamente. O bien es la abuelita o el abuelito el que se mete para defender al pobre querubín agredido. Algunas veces, esto se sistematiza: cuando un adulto intenta poner un límite al niñito, otro interviene para descalificarlo. Algunos padres poco comprometidos con la vida escolar no se acercan al docente sino para discutir acerca de un bien aplicado castigo que, según su opinión, es injusto, y así descalifican la autoridad del docente y le complican la tarea de todo el año escolar. Los niños obtienen con este clima una temible impunidad.

7. El deseo de quedar bien. La función parental tiene dos aspectos. El lado "papá-mamá", muy gratificante, y el lado "padre-madre", que lo es, evidentemente, mucho menos. Sucede que uno de los padres desea quedar bien, ser el gentil, y dejarle al otro la desagradable tarea de regañar, de decir que no y de pasar por el malvado. Pero el niño tiene necesidad de los cuatro rasgos parentales. Necesita tanto de una mamá y de un papá como de una madre y un padre. La gentileza a corto plazo puede convertirse en crueldad a largo plazo, y viceversa. Además, los niños no se equivocan y establecen claramente la distinción entre esta gentileza a corto plazo, que ellos saben que es la mayor de las debilidades, y el amor a largo plazo, que incluye la firmeza en el momento oportuno.

Defina sus propios límites

Para salir del chapoteadero, es necesario que advierta cuál de los mecanismos enumerados arriba lo paraliza y lo hace dudar del límite bien fundado que querría poner. Defina muy claramente lo que es aceptable para usted y lo que no lo es. Más allá de su sensibilidad personal, que usted debe respetar para que su discurso sea auténtico, aquí van algunas pistas para seleccionar.

Lo que debe ser y seguir siendo inaceptable para sí y para el prójimo:

- el ultraje a la integridad física o moral;
- la trasgresión de las leyes;
- la falta de respeto por las reglas elementales de seguridad (es decir, el poner en peligro);
- la falta de respeto por sí mismo, por los seres humanos y por su sentido de lo sagrado, en general;
- la falta de cuidado, de higiene y el perjuicio de la salud;
- la falta de respeto por reglas de la vida cotidiana;
- y finalmente, y sobre todo, mantener y alimentar el fantasma todopoderoso del niño: mamá y papá 100 % disponibles, deseos 100 % satisfechos.

Lo que debe ser siempre aceptable:

- la vulnerabilidad (la incapacidad de protegerse y la dificultad de manejar las emociones);
- la imperfección (el derecho a la lentitud, a la torpeza, a los errores y a los progresos);

- la dependencia (con necesidades para satisfacer, deseos para encuadrar y un camino hacia la autonomía que se debe emprender hacia los siete años y se alcanza alrededor de los veintiún años ¡a más tardar!);
- la inmadurez, siempre y cuando esté en relación con su edad.

En resumen, éstas son las características naturales de los niños.

¿Cómo poner límites?

Lo que no hay que hacer

Ciertas actitudes y maneras de proceder, muy generalizadas en las familias, complican inútilmente la tarea de los padres. Éstas son las principales.

Minar la autoridad del cónyuge

No es fácil dejar que el otro (padre o madre) actúe según SU idea respecto de NUESTRO hijo.

Cuando papá levanta el tono de voz, en el interior de mamá hay una hijita que aborrece oír a los papás rezongar, y que se crispa y acurruca. Por eso mamá interviene de un modo visceral para que eso se detenga. "¡Pero déjalo en paz! ¡Eso no es tan importante! Haces una historia por nada." La hijita interior se tranquiliza. Hoy, ella tiene el poder de hacer que se callen los papás que gritan.

Cuando mamá levanta el tono de voz, en el interior de papá hay un muchachito que aborrece oír a las mamás rezongar, y que se crispa y se acurruca. Por eso papá interviene de un modo visceral para que eso se detenga. "¡Pero déjalo en paz! ¡Eso no es tan importante! Haces una historia por nada." El muchachito interior se tranquiliza. Hoy, tiene el poder de hacer callar a las mamás que gritan.

Algunas veces, esto es sistemático. Cuando uno pone un límite, el otro interviene para descalificarlo. Pero el precio que se paga por tranquilizar a los niños interiores de los padres es muy grande: cuando la autoridad de uno de los padres es denigrada, el hijo de hoy es quien gana con eso, además de una total impunidad, el temible poder de hacer que sus padres discutan.

Las zonas de lo aceptable y de lo inaceptable que he invitado a clarificar siguen siendo fluctuantes a pesar de todo. Varían según las circunstancias y el estado emocional del momento. El día en que usted está fatigado(a), estresado(a) o nervioso(a), su zona de lo inaceptable tiene todas las chances de haberse extendido, en detrimento de su bondad habitual. Por el contrario, una buena noticia puede volverlo(a) súbitamente muy tolerante frente a las contrariedades. Por otra parte, cada uno tiene las suyas. Lo que es aceptable para mí puede ser totalmente inaceptable para otro, y viceversa. De ahí que la idea de que los padres deben presentar un frente común en todas las circunstancias sea insostenible, pues el niño capta intuitivamente las diferencias en los puntos de vista. Pero esto no es una razón para minar la autoridad del otro.

Hoy, mamá está descansada y de buen humor. La trompeta que el querido niñito sopla con todo el aire de sus pulmones es para ella, sobre todo, una señal que indica que no está por hacer otra cosa. Papá, en cambio, está fatigado y tiene desde la mañana la secuela de una migraña. La buena actitud es que papá interviene él mismo para poner SU límite, sin injerencia de mamá. Y, si el querido niñito se va a quejar a su mamá por el límite que acaba de poner papá, lo ideal es que mamá verbalice la diferencia de aceptación sin discutir la validez del límite impuesto: "A mí, tu trompeta no me molesta. Pero, como a papá el ruido lo perturba, es necesario que dejes de hacerlo." Jamás se debe obligar a una persona a que acepte lo que es inaceptable para ella. En cambio, si la zona de lo inaceptable de uno de los dos padres es muy extensa y demasiado rígida en las cosas cotidianas, pueden discutir de eso entre adultos, fuera de la presencia de los hijos.

Justificarse y disculparse por poner un límite

Imagine que pide un préstamo en el banco y el banquero se lo rechaza. Suficientemente frustrado (a) por ese rechazo, usted no tomaría a bien que, además, el banquero le ofrezca, durante horas, un curso sobre la economía, la inflación, el funcionamiento de la banca central, el modo en que deciden los bancos, sus cargos, sus prioridades, etc. A usted poco le importan los motivos por los cuales se le rechazó su préstamo. Usted ha entendido bien que es porque no es lo suficientemente rico (a) ante los ojos de su banquero. Lo que le importa es su decepción.

Esto es exactamente lo que se hace vivir a nuestro hijo cuando uno cree que está obligado a explicar durante horas por qué debe ir a la cama ahora. Él ha entendido que es porque es pequeño. Él se burla de nuestro discurso sobre el sueño, el día de mañana, la necesidad de los grandes de estar tranquilos. Muy a menudo, sucede que los padres se justifican durante horas por los límites que ponen. Eso les complica mucho la tarea, les hace perder tiempo y no ayuda a que los niños los comprendan.

Las falsas preguntas y las adivinanzas (adivina dónde está el límite)

"¿Has hecho los deberes?", pregunta hipócritamente uno de los padres, que sabe perfectamente que no es así.

Este modo de hacer preguntas falsas es una acusación indirecta, que genera agresividad y culpa. No se asombre de que haga que los adolescentes den un portazo. Es mejor formular una orden calma y firmemente que emplear esta falsa pregunta: "Son las cinco y media de la tarde, así que te exijo que hagas los deberes ahora."

Por otra parte, antes de castigar a un hijo por haber transgredido un límite, compruebe que esto se haya verbalizado. A veces, las cosas son tan evidentes para nosotros, que nos olvidamos de precisarlas a los demás. Cuando se reprende a un hijo por haber transgredido una regla que él no conocía, uno lo coloca en una situación muy delicada, pues él habrá de imaginar que debería haberla adivinado por sí mismo. Si esta situación se reproduce con frecuencia, corre el riesgo de desarrollar una actitud de sobreadaptación permanente que consiste en tratar de adivinar y de adelantarse a lo que los otros esperan de él. Más tarde, esto hará disminuir su capacidad de afirmación de sí mismo.

¿Cómo hacer para poner esos límites?

El 80 % del trabajo consiste en tener en claro uno mismo lo que es aceptable y lo que es inaceptable, y los comportamientos que uno espera concretamente de sus hijos. Ellos sólo buscan los límites que según ellos están mal definidos. A partir de ahora, usted puede decirse que, si su hijo lo busca en tal o cual ámbito, es porque usted no puso en claro el asunto. Quizás usted se enfrente con uno de los erróneos motivos para no poner los límites arriba señalados. Ordene sus ideas; el niño obedecerá, porque usted habrá recuperado su autenticidad.

El 10 % del trabajo consiste en enunciar el límite, y explicarlo clara y firmemente. Esto se hará solo, si sus ideas están bien organizadas. Cuanto antes diga las cosas, más fácil será. No deje que se acumulen los malentendidos, la irritación, las pequeñas pruebas de transgresión.

Finalmente, queda el 10 % del trabajo, que va a consistir en volver a comprobar regularmente que el límite está siempre en su lugar. A menudo, los padres viven como un desafío que el niño ponga de nuevo a prueba un límite que ellos creían adquirido. Es normal que el niño verifique regularmente si el límite ha permanecido igual. Puede que éste se haya desplazado con el tiempo. Y, después, eso le servirá en su vida de adulto para atreverse a volver a pedir. Tal vez seis meses o un año más tarde, su patrón aceptará otorgarle un aumento de sueldo que le ha negado anteriormente.

¿Y los castigos?

Si pone en práctica todo lo que le he propuesto a lo largo de este libro, casi no tendrá necesidad de recurrir al castigo. Sin embargo, todo sistema de leyes debe prever sanciones para los casos de transgresión. Y es mejor reflexionar fríamente sobre eso, antes o después de la transgresión, que castigar en vivo, en el momento en que el clima emocional está muy cargado. Si el comportamiento inaceptable lo toma desprevenido, atrévase a decir: "Estoy muy descontento con tu conducta; voy a pensar la sanción que te mereces." Pero, si ha visto que se iba a producir la transgresión, ha tenido tiempo de enunciar la regla, de recordarla y de amenazar una o dos veces con una sanción definida. Cuando el niño no hace caso, es necesario que esta sanción termine por caer; si no, todo el sistema de reglas será cuestionado.

Lo que hay que evitar: Las vejaciones y más aún las humillaciones; las sanciones que no tienen relación con la falta cometida y que sólo tienden a herirlos en aquello que es más caro para ellos. No confisque algún objeto fetiche ni los prive de su deporte favorito en cualquier situación, sin que esto tenga una relación de causa a efecto con su actitud. Si los castigos son demasiado graves o muy prolongados, se convierten en una nueva invitación a la transgresión. Por ejemplo, privar a un adolescente de su patineta durante una semana es un gran castigo para él. Privarlo de ésta durante más de un mes es incitarlo a sacar su patineta a escondidas porque la duración prevista es interminable para él.

Por eso, le sugiero a que elija castigos breves y que estén en relación con la "falta" cometida.

Ejemplos:

- Un comportamiento socialmente inaceptable puede acarrear el castigo de permanecer en un rincón, un aislamiento temporal, la presentación de disculpas circunstanciadas o una acción que repare el perjuicio causado.
- No respetar los horarios debe conducir a que se suspendan momentáneamente las salidas.

- La rotura de objetos implica que se deba repararlos o devolver el importe de su costo con el dinero para los gastos menores.

Respecto de los castigos corporales, estoy resueltamente en contra de ellos. No tienen ninguna virtud educativa. Empezando con el golpe en la mano y la palmadita en la nalga, pronto se llega a los sopapos y las bofetadas. La espiral de la violencia y del maltrato se ha desatado. Si tiene la mano rápida y el grito fácil, pida ayuda, pues anda por mal camino.

Y, si en su vida en general usted tiene dificultad para afirmarse y decir que no, lo invito a leer mi libro *Afirmarse y atreverse a decir que no.** Allí encontrará información complementaria para consolidar su lenguaje de firmeza.

* De esta misma colección (N. de E.).

Capítulo 4

El lenguaje de la aceptación

Dentro del cuadro bien definido de su protección y su firmeza, puede aparecer el último lenguaje, el de la aceptación, es decir, el de su amor incondicional por su hijo.

Todos, grandes y pequeños, tenemos una inmensa necesidad de atención, de reconocimiento, de que se tengan en cuenta nuestra singularidad y nuestra importancia. Es una necesidad real, para cada uno de nosotros, que nuestro entorno nos reconozca como seres humanos excepcionales, distintos y diférentes de todos los otros, con nuestras notables y personales capacidades. Privados de esta cualidad de atención, pronto nos sentimos sin brillo, insignificantes..., y esto es una fuente de sufrimiento para todos.

La atención que no podemos obtener de manera positiva, la buscaremos en forma negativa. Los niños prefieren hacerse reprender antes que ser ignorados. Lo mismo sucede con los adultos. Por ejemplo, provocarán disputas conyugales para captar de nuevo la atención de su cónyuge cuando se sienten dejados de lado. En ciertos casos extremos, hay personas que llegan hasta el homicidio, justamente para existir ante los ojos de los demás al hacer que su nombre aparezca durante algunos días en el periódico. Esta atención de los otros, pues, nos resulta indispensable para vivir.

Los mecanismos de la confianza en sí mismo

La confianza en sí implica tres estratos, tres "espesores".

En el centro, el amor a sí mismo

Cuanto más amor por sí mismo sienta alguien, más capaz será de cuidar de sí, de sus necesidades, de su salud o de su apariencia. Estará también motivado para proporcionarse una vida confortable, y será capaz de protegerse y de defenderse de las agresiones externas, ya sean físicas o morales. Las personas que se aman, se respetan y se hacen respetar. No aceptan ni golpes, ni insultos, ni humillaciones. Por el contrario, las personas que no se quieren a sí mismas a menudo se descuidan, ignoran sus propias necesidades, aseguran mal su subsistencia, se ponen en peligro, soportan sin quejarse condiciones de vida inaceptables. Y una y otra de estas actitudes es una consecuencia directa de la que tenían sus padres para con ellos cuando eran pequeños.

Después, la imagen de sí

La imagen de sí es la manera subjetiva en que uno se ve a sí mismo y en que piensa que los otros lo ven. No tiene nada que ver con la realidad. Uno puede creerse bello, inteligente y divertido, o feo, estúpido y ridículo, sin que esto sea objetivamente verdadero o no. Nunca se repetirá lo suficiente que el hecho de ser bello o bella, como el de triunfar en la vida, no es sino una cuestión de autorización parental. La anatomía puede volverse fotogénica, pero la belleza en sí no es sino la autorización que la hija lee en la mirada del padre, y el hijo, en la de su madre.

Finalmente, en la periferia, la validación de los propios triunfos

Este nivel de confianza en sí mismo concierne a la capacidad de hacer, de aceptar los desafíos, de superar los obstáculos, y de salir de ellos más crecido y enriquecido por un nuevo "saber hacer" las cosas. Validar los propios triunfos es indispensable para reforzar y alimentar la confianza en sí mismo.

La confianza en sí mismo nunca se adquiere definitivamente y sigue siendo vulnerable incluso en personas que tienen un fuerte amor por sí mismas. Sin aportes externos regulares, la confianza en sí termina por marchitarse y puede desaparecer. Cuanto más capaz es una persona de validar sus triunfos, más podrá mantener su autoestima. Por eso, la terapia para la falta de confianza en sí comienza a menudo por restaurar esta capacidad de validar todos los triunfos, grandes o pequeños, sin ningún "sí, pero...".

Cada uno de los estratos de confianza en sí mismo alimenta a los otros dos. Cuanto más me quiera, más voy a tener una imagen de mí mismo(a) positiva y facilidad de validar mis triunfos. Cuanto más aprenda a validar mis triunfos, más positiva va a ser la imagen que tenga de mí mismo(a) y más podré quererme.

Su rol de padre o madre es instalar el sistema de irrigación que va a hacer reverdecer la confianza en sí de sus hijos, y también enseñarles a hacerla funcionar y fructificar.

Preservar el amor a sí mismo: el lenguaje de cálido acogimiento

Imagine que a usted lo invitan a un cóctel. Cuando llega, en el curso de la tarde, cuál es el recibimiento que prefiere tener:

1. Los invitados adoptan un aspecto molesto, irritado u hostil al ver que usted se aproxima.
2. Ninguna persona advierte su llegada. Siguen las charlas y las risas en los grupitos que ya se han formado.
3. Un ¡ah! de satisfacción acompaña su entrada a la habitación. Cada uno llega para darle las buenas tardes y agradecerle que haya concurrido.

Si ha respondido 1, confiéselo: ¡es sólo para hacerme rabiar! Si ha respondido 2, usted carece de hábito para manejar las atenciones y las felicitaciones. Cuidado: en ese caso, ¿las da usted mismo(a) lo suficiente a las personas que conforman su entorno? La 3 es, evidentemente, la respuesta correcta.

Del mismo modo, nuestros hijos tienen necesidad de sentirse acogidos con entusiasmo en nuestras vidas.

Bienvenido a mi vida

Esta actitud global tiene por objetivo mostrarle a nuestro hijo que es bienvenido y que tiene un merecido lugar en nuestra vida. Esto puede parecer evidente en teoría; pero, en la práctica, la actitud parental raramente es así de cálida en las cosas cotidianas. Gruñones, protestones, poco disponibles, a menudo los padres no parecen cariñosos para recibir la llegada de su hijo en una habitación. Cuando un niño entra en el salón, con frecuencia tiene derecho a un irritado "¿Qué quieres ahora?" o a un receloso "¿Ya has terminado tus tareas escolares?" (primera opción del recibimiento en el cóctel), o a una habitual indiferencia (el segundo tipo de acogida). Los cónyuges no resultan más favorecidos. Compruebe entonces, de paso, si tiene el reflejo de exclamar "¡Qué alegría que hayas vuelto tan temprano!", en lugar de "¡Vaya, ya estás aquí!".

En primer lugar, hay un acogimiento de partida: el nacimiento del niño, al que sigue una actitud cotidiana en relación con su presencia. ¿Qué les ha relatado a sus hijos acerca de las condiciones de su nacimiento? ¿Cómo lo han recibido?

En mi consulta, yo recibo a demasiadas personas que se culpan de existir y están convencidas de que su nacimiento ha arruinado la vida de sus padres, para creer aún que la mayoría de los padres dan pruebas de tacto y de humanidad en este aspecto. En lugar de decir "¿El tercero? No, no lo deseábamos. ¡Fue un accidente!", digan mejor: "¿El tercero? No, no estaba en nuestros planes. ¡Fue una sorpresa! ¡Y qué hermosa sorpresa!" Por lo general, un niño no ha pedido nacer, son sus padres los responsables de su nacimiento.

La llegada de un niño es un regalo maravilloso en la vida de una familia, y los tiernos años pasan muy rápido, demasiado rápido, todos lo sabemos. Sin embargo, muchos padres protestan cotidianamente sin siquiera darse cuenta de ello. Se quejan de que su hijo los cansa, les cuesta caro o les complica la vida. A uno le gusta rezongar, quejarse, decirse que sufre mucho; esto produce un alivio momentáneo, pero uno no se da cuenta del impacto de esas lamentaciones en nuestros hijos. Al escuchar esos lamentos, ellos se retraen, se culpan, se sienten un estorbo en la vida de sus padres. Es evidente que usted ama a su hijo y que él es bienvenido en su vida, ¿no es cierto? Sin embargo, por si acaso, verifique que él mismo esté seguro de eso. Usted se arriesga a recibir una sorpresa.

Bienvenido al sistema

La sensación de ser bienvenido y de tener su lugar en un sistema da mucha seguridad. El niño tiene necesidad de sentirse parte de un todo y de sentirse en su lugar: una familia es un sistema, una microsociedad, y lo mismo sucede con la escuela. A partir de esta sensación de pertenencia a su medio, va a desarrollarse el amor incondicional por sí mismo, que es la raíz profunda de la autoconfianza.

El hijo debe poder sentirse acogido, adoptado, amado, útil y en su lugar. Debe tener el derecho de ser él mismo, de ser una niña o de ser un varón incluso si eso no corresponde con lo que al principio esperaban sus padres, y de tener la edad que tiene. Algunos niños, sobre todos los mayores, son compelidos a crecer demasiado rápido; a otros, especialmente a los benjamines, se los invita inconscientemente a seguir siendo pequeños el mayor tiempo posible. En estos dos extremos, los niños no pueden sentir que pertenecen a su franja de edad ni que se los acepta tal como son. Si todavía no saben atarse los cordones o si ya saben leer cuando entran a la escuela primaria, los niños son marginados por ser diferentes. Hay adquisiciones específicas que permiten sentirse en sincronización con su franja de edad. Ser bienvenido y ser reconocido como un par, un semejante, tanto en el cajón de arena como en el colegio, es primordial para la socialización.

Finalmente, para satisfacer su necesidad de ser útil, el niño debe sentirse incluido en las actividades hogareñas. Déjelo participar cuanto antes en las tareas domésticas, aunque al comienzo esta participación deba ser simbólica. Pasar una esponja sobre la mesa después del almuerzo o echar un vaso de agua a cada planta de la casa son algunas cositas, entre tantas otras, que le permitirán el sentimiento de poder dar él también. Yo he tomado conciencia de la importancia de este concepto luego de un incidente en apariencia anecdótico.

Como muchas mamás, durante largo tiempo he confundido amor y maternalización, y maternalización con tareas domésticas. Entonces, realizaba todas las faenas de ama de casa, ligera y dinámica, casi sin protestar por ello, orgullosa y encantada de asegurar una logística de alta categoría, digna de un palacio, a mis principitos. Hasta el día en que, completamente impedida por un lumbago (yo debía, a pesar de todo, estar "hasta la coronilla"* por hacer demasiadas cosas), debí guardar cama y hacer que mis hijos me asistieran en todo. "Alcánzame mis lentes", "¿Puedes darme un vaso de agua?", "Tráeme el teléfono". Los "por favor" y los "te lo agradezco" se sucedían a buen ritmo. Al filo de la jornada, vi que mi muchachito se transfiguraba. Comenzó por un aspecto orgulloso y feliz, acompañado de una exclamación: "Me encanta cuando estás enferma, mamá. ¡Al menos me siento útil!"; y el día terminó con un chiquillo de cara radiante y su conclusión entusiasta: "¡Espero que te enfermes más seguido!"

Esto me ha llenado de interrogantes. Mi deseo de ser una madre irreprochablemente generosa era perjudicial para la autoestima de mi hijo. Una vez que me recuperé, me mantuve muy atenta a dejarle el espacio necesario para ser útil y poder dar él también, a su medida. Mmmm, ¡los ricos cafecitos instantáneos que me preparó en el microondas!

Así, poco a poco, en el transcurso de los años, hay que darles responsabilidades a los niños, y su participación en las tareas cotidianas debe ser cada vez más importante. La ex-

---

* En francés, en el original, *avoir "plein le dos"*; sin equivalente exacto en español, hace alusión literalmente a tener las espaldas cargadas, con la significación de "estar harto". La autora juega con la expresión, que contiene la palabra francesa *dos* ("espalda"), y la afección que la aquejaba en ese lugar del cuerpo (N. de E.).

cusa de que los deberes escolares ocupan todo su tiempo libre y les impiden dar un a mano no se sostiene. Cuando sean adultos, las tareas cotidianas se sumarán también a sus horas de trabajo. Es nuestro deber como padres enseñarles a cocinar, a lavar la ropa, hacer la limpieza y llevar sus cuentas, para que se hagan desenvueltos y autónomos en estos asuntos en la adultez. Por otra parte, todos los oficios, cualesquiera que éstos sean, son útiles a la comunidad. No existe ninguno que no sea un servicio que se brinda a la sociedad, aunque sólo sea por las contribuciones que aporta. Por otra parte, el desempleo es vivido como una pérdida de este ser útil a la sociedad, y esto es lo que lo vuelve más desvalorizante. Por eso, se trata también, además del descubrimiento del placer de proporcionar placer, de enseñarles que cada uno tiene su lugar y su papel para desarrollar dentro de una comunidad.

Construir la imagen de sí mismo: la mirada, luz de la estima

Más allá del amor incondicional por sí mismo que transmite al niño su inclusión en el sistema familiar y social, una mirada parental positiva le devolverá una imagen positiva de sí. Esta imagen positiva será el segundo "estrato" de confianza en sí mismo. La mirada de los otros que se posa sobre ellos forma parte de las necesidades vitales de los seres humanos. Los SDF (*sans domicile fixe,* "sin domicilio fijo")* dicen que es esto de lo que más carecen: de una mirada franca, llena de estima y de atención, que reconozca todavía en ellos su categoría de seres humanos.

Los niños también tienen necesidad de esta mirada y, de paso, de una mirada benévola y maravillada. Como si los ojos de sus padres fueran focos que les proveyeran toda la luz útil para su crecimiento. Usted ya los ha oído chillar "Mira, mamá! ¡Mamá, mamá, mírame! ¡Mira lo que sé hacer! Pero mamá, ¡MIRA!"; y, con frecuencia, en ese momento, no hacen nada extraordinario, pero ese grito lacerante "¡Mamá, mírame!" quiere decir: "Tengo una NECESIDAD VITAL de que poses tu mirada sobre mí para sentir que existo."

Entonces, vale la pena dejar todo de lado, ponerse a su disposición y ofrecerle esa mirada luminosa: "Sí, mi querido, muéstrame, ¡yo te miro!" Si la mirada es cálida, eso no durará mucho tiempo: ellos volverán a jugar, con sus baterías recargadas a fondo.

Si usted cree que su hijo es bello, inteligente, desenvuelto, sociable..., él lo creerá tam-

* La sigla SDF, que se halla desde el siglo XIX en los registros policiales, se emplea hoy en forma masiva en Francia para designar a la población que no tiene domicilio fijo (N. de E.).

bién y lo será. Por el contrario, si le oye decirle directa o indirectamente que es estúpido, malvado, tímido o difícil, del mismo modo se convertirá en eso. Pues toda su vida los niños se comportan exactamente según las expectativas, a menudo inconscientes, de sus padres. A veces es difícil de creer pero, cuando se los estudia de cerca, uno se da cuenta de que, con los años, los comportamientos de los niños siguen respondiendo a los mandatos iniciales de los padres.

Entonces, encienda en su mirada la luz de la admiración y dé a sus hijos todos los permisos: el de ser bellos, inteligentes, desenvueltos, sociables, capaces ¡y dignos de un hermoso porvenir!

Validar los propios triunfos: el estímulo para aceptar los desafíos

En todos los artistas y las personas del espectáculo, cualquiera sea el ámbito de su actuación, se observan las mismas constantes:

- una sobrevaloración de los primeros intentos,
- un instructor apasionado por su pupilo y entusiasmado por los resultados.

A priori, si Mozart se convirtió en el gran compositor que uno conoce, es porque un padre muy presente y musicalmente competente se extasió desde su primera escala, y fue enormemente sostenido por él.

Surya Bonnaly, la campeona de patinaje artístico, debe su éxito, además de a su talento personal, al entrenamiento intensivo que le brindó su madre, quien tenía la capacidad gimnástica para hacerlo, y a su presencia moral permanente, aunque esto haya sido muy criticado en los medios deportivos.

Más allá del excelente manejo de René, su productor y marido, Céline Dion ya había conquistado a un público entusiasta a los cinco años, cuando cantaba una canción de pie sobre la mesa familiar. Ella se benefició igualmente con la bendición de su madre para abrazar una carrera de cantante.

Entonces, usted sabe lo que le queda por hacer para convertir a sus hijos en pequeños Mozart: sobrevalorar sus primeros intentos y entrenarlos intensivamente, ¡pero con entusiasmo!

* * *

En esa necesidad de la mirada de la que hablaba más arriba, está incluida la necesidad de ser reconocido como capaz. Si un niño o una niña dicen cada vez más frecuentemente "Mamá, mira lo que sé hacer" o "¡Déjame, yo lo hago solo (o sola)!", es el momento de comenzar a validar sus triunfos.

Toda nuestra vida tendremos necesidad de realizarnos, de superarnos, de crear, de desarrollar nuestras habilidades, de aceptar desafíos. Los niños también, y muy pronto. Lánceles desafíos que deban sortear y alabe sus logros. Si uno coloca enseguida la barra a cinco metros de altura, eso quita las ganas de hacer salto con garrocha. En cambio, si las cosas son fáciles, lúdicas y resultan gratificantes, la motivación y los progresos se suceden automáticamente. La confianza en sus capacidades se desarrolla y se refuerza. Esto forma una bola de nieve positiva. Por el contrario, la crítica desalienta y hace que decaiga el desempeño.

En la edad en que se aprende a caminar, el sistema educativo basado en felicitaciones y estímulos es una realidad. Cada paso del bebé es estimulado, validado, elogiado. Las caídas y los errores se relativizan y consuelan. Ningún bebé podría caminar si las madres dijeran "¡Qué idiota eres! ¡Mira cómo pones tus pies, están de través! Y ¡pum! ¡De nuevo por el suelo! ¡Pero qué zopenco!". Este discurso, además, le disgustaría al entorno.

Sin embargo, muy pronto, siempre demasiado pronto, la educación termina por reemplazar el método de los estímulos por el de las críticas y las desvalorizaciones desalentadoras. A menudo, los padres dicen tener miedo de que muchos cumplidos hagan que sus hijos se vuelvan perezosos y pretenciosos. Esto es falso e ilógico.

Según este tipo de razonamiento, no se podría jamás decirle a un cocinero que su cena fue deliciosa ni aplaudir a un cantante. Además, si se toma la molestia de escuchar y de observar atentamente a las personas, observará que las que tienen confianza en ellas mismas poseen una capacidad modesta y objetiva, mientras que las jactanciosas, a menudo, son muy conscientes de sus carencias y buscan sobre todo reafirmarse. Entonces, no les pida a sus hijos que sean perfectos desde el primer intento. No sea crítico ni los desvalorice, pues haría de ellos, de por vida, perfeccionistas insatisfechos y desdichados. La crítica será constructiva únicamente si dedica la mayor parte a las felicitaciones y si pone el acento sólo en lo que puede mejorarse y, especialmente, en el "cómo" mejorarlo.

Enséñele a apelar a sus propios recursos

Para que puedan aprender a validar ellos mismos su desempeño y convertirse en seres autónomos, es necesario hacer que los niños desarrollen referencias internas. "Y a ti ¿qué te parece tu dibujo?" o "Según tu opinión, ¿qué nota va a obtener tu tarea de español?", y les enseñarán a practicar la crítica constructiva. "Pero no, tu dibujo no es feo. ¿Qué es lo que puede hacerse mejor la próxima vez? ¿Cómo? ¿Y qué es lo que ya está bien logrado?" o "No puedes haber fallado en TODO en la prueba. Seguramente hay puntos en los cuales has podido desenvolverte bien. ¿De qué no estás contento? ¿Cómo podrías hacer para que eso sea mejor en la próxima prueba?".

Evite darle consejos. Enséñele a buscar y a elaborar sus soluciones con sus propios recursos. La frase clave es "¿Qué soluciones le ves a tu problema?", y "soluciones" debe sistemáticamente estar en plural para que aprenda a darse opciones de comportamiento. Las personas que creen haber encontrado LA ÚNICA solución se vuelven rígidas y se cierran a otras posibilidades. Las personas abiertas a una pluralidad de soluciones son flexibles y se adaptan mejor a las circunstancias. Entonces, la consigna es ésta: con una sola opción, no hay opción; con dos opciones, la alternativa es ilusoria; con la tercera opción es cuando se abre el horizonte. Después usted puede ayudarlo a explorar sus propias soluciones y hacer su elección de comportamiento. "Sí, efectivamente, podrías volver a hablar de eso con Quentin", "¿Cómo crees que te responderá?", "Y, si él no te da la respuesta que tú esperas, ¿qué podrías hacer en ese caso?", etcétera.

Finalmente, para estar seguro(a) de que su lenguaje es un lenguaje de aceptación incondicional, haga bien la distinción entre la persona y sus comportamientos. Eric Berne, el padre fundador del análisis transaccional, decía: "En todo sapo duerme un príncipe. No hay necesidad de matar al sapo, basta con despertar al príncipe." Los niños, todos los niños, son principitos, y ellos deben saber que uno lo sabe. Sin embargo, no es cuestión de aceptar comportamientos de sapo; menos aún cuando nadie se engaña: ¡se sabe que no son sapos!

Verbalmente, esto puede expresarse así: "Te prohíbo que muerdas a los otros niños en la escuela. Hay otras maneras de arreglar tus problemas. Y, como sé que eres un muchacho amable e inteligente, estoy segura de que vas a encontrarlas. ¿Quieres que las busquemos juntos?"

Con este lenguaje de aceptación incondicional, junto con el de la protección y el de la firmeza, su hijo dispone de todas las formas de lenguaje útiles para su crecimiento, y que le garantizan, a largo plazo, una comunicación de alta calidad. Sólo le queda aprender el lenguaje de la escucha para tener una devolución permanente de información sobre su práctica.

Esta devolución de información es indispensable para poder ajustar su actitud cotidiana y alimentar así los otros aspectos de su comunicación.

Finalmente, ¡aprenda a escuchar!

Durante mis conferencias, con frecuencia realizo un sondeo, planteando este interrogante: "¿Quiénes de ustedes se sintieron escuchados y comprendidos por sus padres cuando eran niños y adolescentes? Por favor, levanten la mano."

De un público compuesto por unas cien personas, a veces veo que se levantan dos o tres manos dubitativas; pero, la mayoría de las veces, ninguna mano se levanta. Es una muy triste realidad. Nadie se siente verdaderamente acogido y aceptado por su familia en aquello que tenía para decir. Y eso continúa en la adultez, pues cada uno de nosotros conoce bien, a diario, la frustración de no sentirse escuchado y comprendido en lo que vive, sobre todo cuando atraviesa dificultades. Por el contrario, si usted toma un centenar de personas y les pregunta si saben escuchar, la mayoría de ellas afirmará sinceramente que sí, que ellas sí escuchan muy bien, pero las otras personas, no. ¿De dónde proviene esta paradoja?

Proviene muy simplemente del hecho de que, desde nuestra infancia, aprendimos especialmente a "de-comunicar" ¡creyendo que aprendíamos a comunicar! Esto comienza muy pronto. Un ejemplo: tengo cinco años y acabo de caerme. Mis rodillas y las palmas de mis manos me arden cruelmente. Lloro y digo: "Mamá, me duele." Como no sangro, mamá responde "¡Pero no, no tienes nada!" El mensaje que ella me transmite es el siguiente: "Para consolar a alguien, hay que negar su sufrimiento." Cuántas veces, de este u otro modo, en nuestra vida de infancia, tan importante para nosotros, nos encontramos con esta negación de nuestro sufrimiento, con una oreja distraída o burlona, con lecciones de moral o, peor, con la sensación de haber cometido una falta; como, por ejemplo, frente a las risas groseras o las reflexiones fuera de lugar que provoca nuestro primer gran amor en jardín de infantes. Hemos observado y, luego, copiado la manera de comportarse de nuestros mayores, que creen enseñarnos las "buenas" reglas de comunicación, mientras sufren en silencio, ellos mismos, de una terrible falta de escucha, de la capacidad de compartir y de empatía. Desgraciadamente, es lo que nos han transmitido.

Por eso, cuando alguien habla, la tendencia más espontáneamente difundida es intervenir rápidamente en su discurso, cortarle la palabra, ver de "cerrarle el pico". La intervención en el discurso del otro será todavía más fulgurante si lo que dice nuestro interlocutor nos conmueve o nos perturba. Este bloqueo de la escucha se manifiesta sobre todo cuando no queremos oír algo que alteraría nuestro bienestar moral; por ejemplo, si esta persona sufre o tiene un problema con nosotros, o posee una lógica y unas ideas que no son las nuestras y que cuestionan lo que nosotros consideramos verdadero. En resumen, por nuestra tranquilidad personal, hay que impedir que se exprese lo que nos perturba, y cualquier medio será bueno para quitarle la palabra, como hacerle juicios de valor desvalorizantes ("¡Qué idea, también, tú debiste..."); minimizar sus dificultades ("Eso no es tan grave, ¡hay casos peores que el tuyo!"); atiborrarla de consejos personales o dictarle soluciones ("Tienes que..., hay que..., es necesario que tú..."). En resumen, todo lo que aborrecemos oír cuando nosotros mismos tenemos necesidad de ser escuchados.

Lo mismo sucede con nuestros hijos. ¡Peor aún! Porque, como he dicho en la introducción, los niños tienen el temible poder de comunicarse del niño que ellos son con el adulto que somos nosotros y, paralelamente, de manera silenciosa e inconsciente, del niño que son con el niño que nosotros fuimos cuando teníamos la misma edad que ellos. A veces, esto genera en nosotros, los adultos, fuertes reacciones emocionales. Es importante estar prevenido de esto y aceptar desde el principio que lo que dirá nuestro niño puede en cualquier momento entrar en intensa resonancia con un pasado doloroso. Si éste es el caso, quizás sea el momento de hacer frente a esta infancia y de curarse de las viejas heridas, en lugar de hacer que se calle nuestro niño para recuperar el silencio interno...

Hablar no es únicamente dar información al otro. Es expresar la necesidad de decir, de poner en palabras lo que uno siente. Todo sentimiento que se expresa, se apacigua. Si he podido decir que estoy hasta la coronilla, cuán triste me siento o hasta qué punto estoy decepcionada, y si alguien ha sabido acoger ese sentimiento sin desnaturalizarlo o desviarlo, y sin sentirse juzgado o culpabilizado por lo que yo digo, inmediatamente me voy a sentir aliviada.

Cuando el otro habla, uno puede tener diferentes reacciones ante su discurso. Se puede, entre otras cosas, descalificar ese discurso, admitirlo, recuperarlo para monologar, acogerlo o amplificarlo.

Por ejemplo, si su hija le dice "La escuela no sirve para nada", su reacción puede ser:

- Descalificar lo que ella acaba de decir: "Pero de ningún modo. ¡La escuela es muy importante para tu porvenir!"
- Admitirlo: "Ah, bueno" (sin levantar los ojos de su libro).
- Recuperarlo para monologar: "A mí, cuando tenía tu edad, me encantaba ir a la escuela. Además, una vez..., bla, bla, bla..."
- Acogerlo: "¡Me parece que estás muy enojada con la escuela!"
- Amplificarlo: "¿Tienes deseos de hablarme de eso?"

Lo peor que se puede hacer al respecto es conectar un decodificador para dar otro sentido a las palabras escuchadas: "Tú dices que la escuela no sirve para nada porque no quieres tomar el autobús escolar y esperas, haciendo que me inquiete con esa frase, que te lleve en taxi todas las mañanas."

* * *

La escucha debería, idealmente, representar el 80 % de nuestra comunicación. Porque, cuando uno ha escuchado verdaderamente bien, la respuesta tendrá una gran pertinencia y una máxima eficacia. Nuestra comunicación carece, paradójicamente, de silencio. En casi todos los casos, uno se pone a hablar demasiado pronto. No se tiene bastante información. Nuestro interlocutor lucha con nuestras aproximaciones: "¡Pero no, no es eso lo que he dicho! ¡No entiendes! ¡Pero déjame terminar!" Y, pese a todo, uno insiste en pasar a la fuerza: "Pero sí, te he comprendido. ¡Eres tú el que no me escucha!" El tono sube, y la frustración también. A menudo, es la capitulación de aquello que se quería confiar lo que cierra eso que no se puede llamar siquiera un intercambio o un compartir.

Mi opinión es que este mundo está enfermo de falta de escucha generalizada. Cuando se escucha bien mutuamente, uno se comprende. Y, como uno se comprende, no puede amargarse, odiarse ni pelearse.

Entonces, para escuchar verdaderamente a los hijos, decídase volverse disponible y, llegado el caso, elija y difiera el momento para hacerlo. He subrayado que los niños dicen las cosas más importantes en los momentos en que los padres están poco disponibles para recibirlas. A menudo pensé que era para poder encontrar una muy pronta excusa de que no han sabido acoger lo que ellos tenían para decir. Los padres deben aprender a decir, mientras se cepillan los dientes, se ponen en circulación, aparcan delante de la escuela: "Lo que me dices es muy importante para que lo escuche en el umbral de la puerta, saliendo hacia el trabajo.

Te propongo que lo hablemos esta noche, inmediatamente después de la cena"; y, sobre todo, mantener la palabra.

* * *

Para escuchar verdaderamente a sus hijos, llame a silencio su "Yo, a mí" charlatán y turbulento, desconecte el decodificador, ofrezca calma, tiempo y silencio a su joven interlocutor, y pronuncie la fórmula mágica: "Te escucho."

Conclusión

La comunicación con su hijo puede convertirse en una gran y hermosa aventura. Acompañar su crecimiento con nuestro cálido sostén, nuestro propio conocimiento de la vida; vivir cada día su progreso y sus descubrimientos es una tarea noble y gratificante.

Gracias a ese pequeño ser humano, tenemos la oportunidad de trabajar en nosotros mismos, de ganar en claridad de pensamiento, en buen sentido y en coherencia, pues él no dejará pasar ninguna falta de lógica.

Desligados de la culpabilidad y del perfeccionismo, podremos ser receptivos de su alegría de vivir, de su insaciable sed de aprender, y vivir a diario nuestra maravilla frente a la extraordinaria evolución de nuestro bebito en un joven y orgulloso adulto.

Esos años van a pasar muy rápidamente. Aprovéchelos bien.

En esta misma colección

LA AUTOESTIMA

Un bien esencial

Rosette Poletti y Barbara Dobbs

La estima por sí mismo, es decir, la *autoestima,* significa respetarse y "quererse" a uno mismo. Es un requisito indispensable para vivir una vida armoniosa y establecer relaciones de confianza con los otros.
Con gran frecuencia, la educación, la sociedad, el pensamiento occidental tradicional nos transmiten una visión culpabilizadora de nosotros mismos, que pone límites a nuestros potenciales.
Por eso es necesario liberarnos de esa forma de pensar y sentir, para tomar conciencia de nuestros verdaderos valores y darnos cuenta de que somos personas únicas, valiosas y llenas de posibilidades de desarrollarnos con plenitud.
En esta obra, se analizan los factores que impiden la evolución de una buena autoestima, por medio de la explicación teórica y de la presentación de casos auténticos, y se ofrece una guía para fomentarla y aumentarla.
Con un lenguaje sencillo y accesible, pero sin perder de vista el rigor conceptual, se brinda al lector la posibilidad de conocer qué es la autoestima, de qué modo influye en nuestras vidas una buena o mala autoestima, y cómo hacer para acrecentarla y estimular su desarrollo.

Páginas: 112
ISBN 987-00-0563-2

LA RESILIENCIA

El arte de resurgir a la vida

Rosette Poletti y Barbara Dobbs

Se busca explicar si ciertos recursos que permiten "rebotar", "salir airosos" de ciertas circunstancias adversas de un indescriptible dolor se hallan presentes sólo en algunas personas privilegiadas pero no en otras; estas últimas, incapaces de superar las pruebas de la vida, sucumben a su "destino.
Las autoras analizan historias de vida de muchos seres humanos expuestos a vicisitudes o situaciones muy difíciles (la pérdida de su trabajo, una separación, la muerte de personas muy cercanas, malos tratos y abusos de todo tipo, la etapa final de la propia existencia o una enfermedad amenazadora) para buscar cuáles son los mecanismos que les han permitido "resurgir a la vida", seguir adelante e incluso fortalecerse.
¿Cuáles son esas capacidades extraordinarias que poseen estas personas y las hacen parecer poco comunes, pues superan la adversidad y pueden desarrollarse después de las tremendas circunstancias padecidas? No son excepcionales, sino que han desarrollado algunas cualidades que todos poseemos en algún grado: la de la comunicación con los demás, la del sentido de los valores, la de expresar gratitud y poder perdonar, la de saber "vivir el momento"...
Por su trascendencia y su significación, es fundamental conocer los mecanismos que permiten poner en funcionamiento nuestra resiliencia (todos debemos ser conscientes de esa capacidad que tenemos de resistir y sobrellevar la más terrible de las pruebas, para luego seguir adelante con nuestros proyectos de vida).

Páginas: 128
ISBN 987-00-0503-9

DÉ SENTIDO A SU VIDA

Rosette Poletti y Barbara Dobbs

Esta obra tiene como objetivo hacer que el lector tome conciencia de la necesidad de plantearse estas preguntas y contestarlas: *¿Cuál es el la finalidad de la vida y de las actividades cotidianas que se realizan? ¿Por qué vivir? ¿Para qué vivir?*
Tratar de responder a estos interrogantes es para las autoras un modo de dar significación a la propia vida. Esta cuestión se convierte en una preocupación cada vez más acuciante en nuestro mundo, que precisamente parece desprovisto de sentido.
Por eso, este libro propone una búsqueda del sentido centrada en el sujeto y su desarrollo personal. Las autoras no ofrecen "recetas hechas", sino que brindan los primeros pasos, las pistas necesarias para que el lector se encargue luego de seguirlas e incluso de extenderlas.
Dé sentido a su vida presenta conceptos teóricos explicados con claridad y simpleza en un lenguaje que también tiene la virtud de la sencillez. Además, ofrece una serie de ejemplos e historias de vida de seres en busca del significado de sus existencias y se su vocación que ayudan a comprender esos conceptos.
Ese sentido, que se realiza a través de un proyecto de vida y con los ojos puestos en la meta por alcanzar, será mucho más poderoso si cada cual lo crea de manera única y personal, para sí mismo y también por aquellos a quienes ama. Un sentido que dará un nuevo valor a la propia existencia y permitirá vivirla mucho más plenamente.

Páginas: 144
ISBN 987-00-0502-0

Las autoras

Rosette Poletti

Es enfermera de cuidados generales y psiquiátricos, y durante mucho tiempo se ha dedicado a la formación en cuidados de enfermería y ciencias de la educación. Es psicoterapeuta transaccional y gestaltista, y se ha especializado (y se dedica a esta actividad) en el acompañamiento de personas que se encuentran en el final de su vida, en crisis y en duelo.

Barbara Dobbs

Es enfermera de cuidados generales y ha completado sus estudios en Suiza; actualmente, se dedica a la enseñanza de numerosos tipos de enfoques complementarios de esos cuidados. Su formación responde a la línea psicoespiritual, es experta en hipnoterapia, realiza reflexología y armonización por medio de las flores de Bach, y se ha doctorado en naturopatía (o medicina natural o naturista).